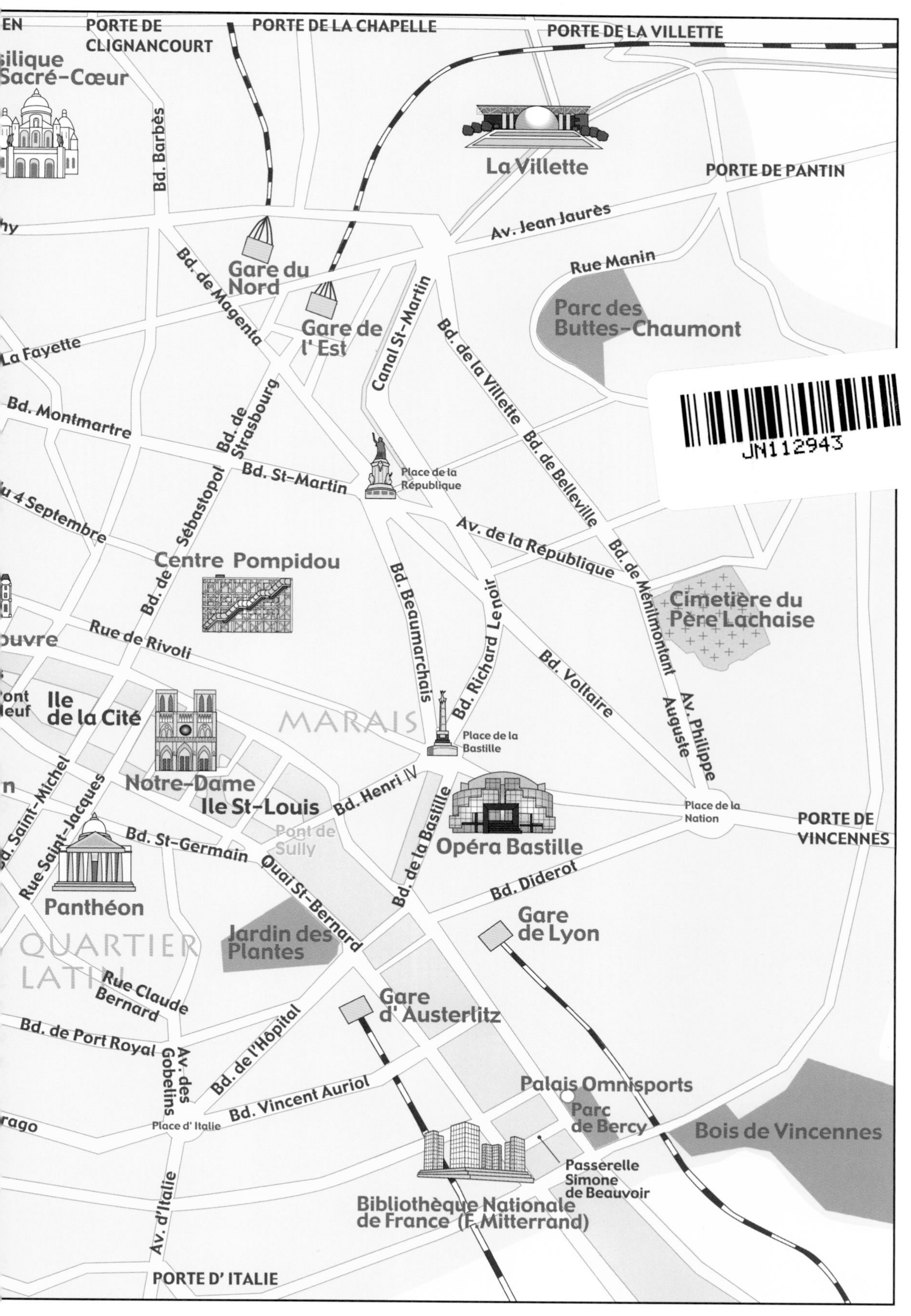
PORTE DE CLIGNANCOURT
PORTE DE LA CHAPELLE
PORTE DE LA VILLETTE
Sacré-Cœur
Bd. Barbès
La Villette
PORTE DE PANTIN
Av. Jean Jaurès
Gare du Nord
Bd. de Magenta
Gare de l' Est
Rue Manin
Parc des Buttes-Chaumont
Canal St-Martin
Bd. de la Villette
La Fayette
Bd. de Strasbourg
Bd. Montmartre
Bd. St-Martin
Place de la République
Bd. de Belleville
u 4 Septembre
Bd. de Sébastopol
Av. de la République
Centre Pompidou
Bd. Beaumarchais
Bd. Richard Lenoir
Bd. de Ménilmontant
Cimetière du Père Lachaise
Rue de Rivoli
Bd. Voltaire
Ile de la Cité
MARAIS
Place de la Bastille
Av. Philippe Auguste
Notre-Dame
Ile St-Louis
Bd. Henri IV
Bd. Saint-Michel
Rue Saint-Jacques
Pont de Sully
Bd. de la Bastille
Opéra Bastille
Place de la Nation
PORTE DE VINCENNES
Bd. St-Germain
Quai St-Bernard
Bd. Diderot
Panthéon
Gare de Lyon
QUARTIER LATIN
Jardin des Plantes
Rue Claude Bernard
Gare d' Austerlitz
Bd. de Port Royal
Bd. de l'Hôpital
Av. des Gobelins
Palais Omnisports
Parc de Bercy
Bd. Vincent Auriol
Place d' Italie
Bois de Vincennes
Passerelle Simone de Beauvoir
Av. d'Italie
Bibliothèque Nationale de France (F. Mitterrand)
PORTE D' ITALIE

La couleur des mots

Keiko SUGIMOTO　Momoko FUKUDA　Kyoko OKABE

Editions ASAHI

音声はこちら
http://text.asahipress.com/free/french/couleur/index.html

前　書　き

この教科書はフランス語の初等文法をひととおり終え、比較的平易だけれど読みごたえのあるテクストを読んでみたいという学習者向けの教材です。いわゆるフランス文学の名作を集めたアンソロジーではなく、専門外の学習者でも時代や作家に関する予備知識なしに読めるようなテクストを選びました。

テクストの選択にあたっては、３人の教員ができるだけ幅広いジャンルと時代から、その作家と作品の特徴がよく表われている一節を、丁寧に選びました。フランス文学というと恋愛ものが多いイメージがありますが、このアンソロジーのテクストは、家族、動物、友人、恋愛、都市、自然、芸術など、実に豊かなテーマの広がりを見せています。ジャンルも小説、詩、エッセー、箴言など、多岐にわたります。そしてそこに描かれる親子の葛藤、人情の機微、喪失の悲しみ、友情のもつれ、都市生活の情景、動物や自然に注がれる視線からは、フランスの過去の歴史や、現代社会の抱える矛盾が垣間見えます。民族と宗教、戦争とテロリズム、文明とエコロジーといったより大きな問題系へと、テクストは開かれています。

このような個性的なテクストを読みこなしていただくために、巻末に「文法解説」として、初級文法の段階では触れないことの多い時制や事項についての説明を載せました。たとえば、書き言葉にしか用いられない、単純過去の時制がそれです（本書では第４課以降に出現します）。必要に応じて参照して下さい。テクストは、比較的易しいものから複雑なものへと、大まかな難易度順（★→★★★）に並んでいます。新しく出会った語彙や表現については仏和辞書をていねいに引き、文脈に合った語義を選び出す訓練を重ねてください。

本書をつくるにあたっては、企画の段階からテクストの著作権の交渉に至るまで、朝日出版社の石井真奈さんに多大なご尽力をいただきました。また、作家たちの似顔絵を担当してくださった大江咲さん、原稿の最終チェックをしてくださった明治学院大学のジャック・レヴィ先生、格調高い朗読をご提供くださったクロエ・ヴィアート先生、ジョルジュ・ヴェスィエール先生、ピエール・サンティーヴ先生にも、心より御礼を申し上げます。

2019 年 10 月

著者一同

Table des matières

★の数はテクストの難易度の目安を示しています。★の数が多くなるにつれてレベルが上がります。

1 Roger Grenier :
« Léonore »

| ど | ん | な | 作 | 品 | ? |

かくも魅力的な… 誰もが振り返る美しきレオノール。作者はその高貴な美しさをたたえつつ、愛するレオノールに悩まされることもあると告白する。彼にはレオノール以外にも、生活を共にする愛すべき存在がいるようだ。作者をとりまくこの二種類の魅力的な「生き物」(créature) を具体的にイメージしてみよう。

♪ 02

Léonore est grande, très grande. Elle porte une robe noire, des bas rouges. Sa démarche est admirable. Quand nous sortons ensemble, on se retourne sur notre passage[1]. J'entends des réflexions flatteuses. Elle n'a que[2] des admirateurs. Je dois avouer, et cela me désole, que Léonore est sensible aux compliments, aux flatteries. Une parole aimable la ferait suivre[3] n'importe qui[4]. Elle semble aussitôt prête à m'oublier. Vous pensez bien que cela ne me fait pas plaisir. Une créature aussi exceptionnelle, on voudrait régner sur elle sans partage. D'ailleurs[5], qui aime partager ?

Je me console en me disant que si Léonore agit ainsi, c'est par bêtise[6]. La grande beauté ne s'accompagne pas toujours d[7]'une intelligence égale. Et, si je dois bien l'avouer, Léonore est un peu sotte. Mais qui peut se vanter d[8]'être parfait ? […]

Il y a une autre créature dans ma vie. Une créature qui me suit partout, d'une pièce à l'autre. À l'heure où je rentre du bureau, elle attend derrière la porte. À table, elle finit ce qui reste dans mon assiette. Son affection se traduit souvent par[9] des élans maladroits. Elle me cogne avec son nez ou son menton. Elle me bouscule. Mais si je la repousse, elle s'en va en gémissant. Je lui pardonne. La maladresse, chez elle, est innée. Elle est pataude. Je ne compte plus les bibelots renversés, les assiettes et les verres cassés, et autres catastrophes domestiques.

Quand je suis malade, elle se couche en boule au pied de mon lit. Ce qu'elle aime le mieux, c'est que je l'emmène à la campagne. À peine arrivée, elle se roule dans l'herbe. Parfois, je l'entends soupirer dans son sommeil. Peut-être rêve-t-elle de bois[10], de prés, de ruisseaux.

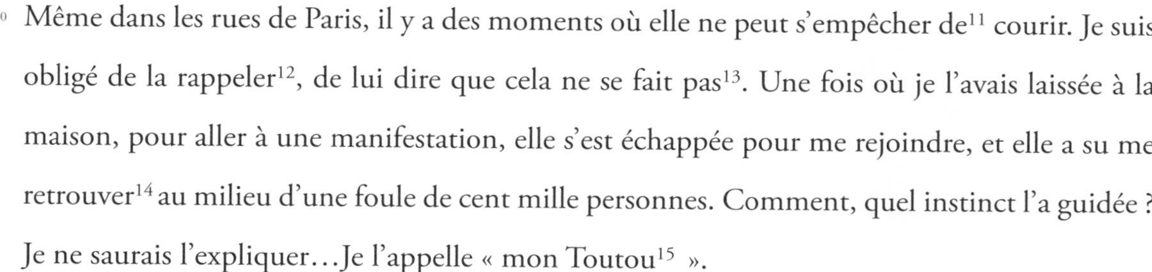

Même dans les rues de Paris, il y a des moments où elle ne peut s'empêcher de[11] courir. Je suis obligé de la rappeler[12], de lui dire que cela ne se fait pas[13]. Une fois où je l'avais laissée à la maison, pour aller à une manifestation, elle s'est échappée pour me rejoindre, et elle a su me retrouver[14] au milieu d'une foule de cent mille personnes. Comment, quel instinct l'a guidée ? Je ne saurais l'expliquer…Je l'appelle « mon Toutou[15] ».

読解のヒント

1 **on se retourne sur notre passage** 「われわれの通ったあとを振り向く」 ***sur le passage de...**「～の通り道に」
2 **ne... que~** 「～しか…ない」
3 **la ferait suivre** **<faire ＋ 動詞>**で「～させる」。**la** は **suivre** の意味上の主語（本来は間接目的補語 **lui** で表すべきところ→文法解説 II-2）。条件法現在形 **ferait** は推測の意味を表す（「～させるだろう」）。
4 **n'importe qui** 「誰でも、誰にでも」。**suivre** の直接目的補語。前注と合わせて「彼女を誰にでもついていかせてしまうだろう」となる。
5 **D'ailleurs** 「そもそも」
6 **si Léonore agit ainsi, c'est par bêtise.** **<Si~, c'est...>** は「～なのは、…だからだ」という理由を示す表現。
7 **s'accompagner de...** 「～を伴う」
8 **se vanter de** ＋ 不定詞 「～と自負する」
9 **Son affection se traduit souvent par...** ***se traduire par...**「～によって表現される」
10 **Peut-être rêve-t-elle de bois...** **peut-être** や **ainsi**（したがって）などの副詞が文頭に来た場合、しばしば主語と動詞の倒置が起こる。 ***rêver de~**「～を夢見る」
11 **ne pas pouvoir s'empêcher de** ＋ 不定詞 「～せずにはいられない」
12 **rappeler** 動 呼び戻す
13 **cela ne se fait pas** 「そんなことをしてはだめ」
14 **elle a su me retrouver** **su** は **savoir** の過去分詞。***savoir** ＋ 不定詞 「～できる」
15 これに続く最終段落で、レオノールはボースロン（フランス原産の大型犬で**« bas rouge »** の異名を持つ）の雌で、**« mon Toutou »** のほうは作者の最愛の女性のことであると説明がなされている。

●作者について●

ロジェ・グルニエ（1919 - 2017） 第二次世界大戦に従軍後、ジャーナリストとして活動を始め、小説執筆の傍ら放送作家としても活躍した。本人が最も気に入っていたという代表作『黒いピエロ』(1986) は、自伝的色彩の強いほろ苦い青春小説。愛犬家として知られ、1980年に世を去った愛犬ユリシーズとの想い出と、犬にまつわる文学・歴史上の挿話をちりばめた『ユリシーズの涙』(1998) は、軽妙な語り口ながら深い洞察に満ちた忘れがたい傑作である。本作「レオノール」が収められた『長い物語のための短いお話集』(2012) は、非常に息の長い創作活動を続けてきた著者の最後の短篇集となった。

2 Nathalie Sarraute :
Pour un oui ou pour un non

| ど | ん | な | 作 | 品 | ？ |

よそよそしさの原因は？ 親しい友人だったはずなのに、なぜか疎遠になってしまっている「男１」と「男２」。距離を置かれたと感じる「男１」は、久しぶりの再会でその理由を「男２」に問いかけるが、なかなかはっきりとした答えは返ってこない。長年の友情に終止符が打たれるきっかけになった「つまらぬこと」とは…？フランスで1986年に初上演されたこの会話劇は、たったふたりで成立する手軽さと、台詞の妙もあって、いまでも人気演目のひとつ。

♪ 03

H.1 : Écoute, je voulais te demander…C'est un peu pour ça que[1] je suis venu…je voudrais savoir…que s'est-il passé[2] ? Qu'est-ce que tu as contre moi ?

H.2 : Mais rien…Pourquoi ?

H.1 : Oh, je ne sais pas…Il me semble que tu t'éloignes…tu ne fais plus jamais signe[3]… il faut toujours que ce soit moi[4]…

H.2 : Tu sais bien : Je prends rarement l'initiative, j'ai peur de déranger.

H.1 : Mais pas avec moi ? Tu sais que je te le dirais[5]…Nous n'en sommes tout de même pas là[6]…Non, je sens qu'il y a quelque chose…

H.2 : Mais que veux-tu qu'il y ait[7] ?

H.1 : C'est justement ce que je me demande. J'ai beau chercher[8]…jamais…depuis tant d'années…il n'y a jamais rien eu entre nous[9]…rien dont je me souvienne[10]…

H.2 : Moi, par contre, il y a des choses que je n'oublie pas. Tu as toujours été très chic… il y a eu des circonstances…

H.1 : Oh qu'est-ce que c'est ? Toi aussi, tu as toujours été parfait…un ami sûr… Tu te souviens comme on attendrissait ta mère[11] ?…

H.2 : Oui, pauvre maman…Elle t'aimait bien…elle me disait : « Ah lui, au moins, c'est un vrai copain, tu pourras toujours compter sur lui. » C'est ce que j'ai fait, d'ailleurs.

H.1 : Alors ?

H.2 , *hausse les épaules* : …Alors …que veux-tu que je te dise ![12]

H.1 : Si[13], dis-moi…je te connais trop bien : il y a quelque chose de changé…Tu étais toujours à une certaine distance…de tout le monde, du reste…mais maintenant avec moi…encore l'autre jour, au téléphone…tu étais à l'autre bout du monde…ça me fait de la peine, tu sais…

H.2 , *dans un élan* : Mais moi aussi, figure-toi[14]…

H.1 : Ah tu vois, j'ai donc raison...

H.2 : Que veux-tu…je t'aime tout autant, tu sais…ne crois pas ça…mais c'est plus fort que moi[15]…

読解のヒント

1 **C'est ... pour ça que ...** 「～なのはそのためだ」(強調構文)

2 **que s'est-il passé ?** 「何があったの？」 **il** は非人称主語。 ***se passer** 動 起こる、行われる

3 **faire signe** 連絡をする

4 **Il faut que** ＋ 接続法 「～でなければならない」。**moi** のあとには、たとえば強調構文の後半部 <**qui** ＋ 動詞> が続くことが予想される。「いつだって僕が（～することに)」。

5 **je te le dirais... « Si tu me dérangeais »**（もし君が邪魔なら）という仮定が「男１」の念頭にあるため、**dire** が条件法現在になっている。中性代名詞 **le** はこの内容を受ける（「君にそう言うよ」)。

6 **Nous n'en sommes tout de même pas là.** ***en être là**「意見が一致する、合意する」 ***tout de même**「それでも、いずれにせよ」

7 **que veux-tu qu'il y ait ?** ***vouloir que** ＋ 接続法「～が…であることを望む」。**Il y a...** のあとに続くはずの名詞の内容を、文頭の疑問詞 **que** で問うている。「君は、何があってほしいの」。

8 **avoir beau** ＋ 不定詞 「いくら～しても無駄である」

9 **il n'y a jamais rien eu entre nous** 「僕らの間にはまったく何もなかった」 **Il y a...**を複合過去形にすると **Il y a eu ...**となる。

10 **rien dont je me souvienne** 否定の代名詞 **rien** を先行詞とするため、**dont** で導かれる従属節は接続法になる。「僕が思い出すことは何も(ない)」 ***se souvenir de...**「～を思い出す」

11 **Tu te souviens comme on attendrissait ta mère ?** **comme** は感嘆文を導く感嘆詞（「どんなに～」)。**on** は「僕たちが」。

12 **que veux-tu que je te dise !** 「君は僕に何と言ってほしいの？」(＝「言うことなんてない」)

13 **Si** 「いや、あるはずだ」(「言うことなんてない」という言外の否定を打ち消している)

14 **figure-toi** 代名動詞 (**se figurer** 動 想像する) の命令法 (→文法解説 I-1)

15 **c'est plus fort que moi** 「僕にはどうすることもできない」

作者について

ナタリー・サロート（1900 - 1999） 小説家・劇作家。ロシアで生まれ、離婚した母親に連れられて幼少期にパリに移住。弁護士として働きながら創作活動を行い、『トロピスム』(1939) でデビュー。戦後、『見知らぬ男の肖像』(1948) で注目され、「ヌーヴォー・ロマン」(1950年代のフランスで発表された前衛的な小説群) の先駆者となる。言語化される以前の心理の微細な葛藤をとらえようとする作風が特色。

3 Antoine Leiris : *Vous n'aurez pas ma haine*

| ど | ん | な | 作 | 品 | ? |

「日常」の残酷さ テロで妻を失ったフランス人ジャーナリストが事件の3日後に犯人たちにあてて「私は君たちを憎まない」と Facebook 上に投稿し、大きな反響を呼んだ。諦めではなく、無知と憎悪の連鎖を断つために。母親を失ったことも理解できない1歳半の息子を保育園に送ったのち、ひとり自宅のアパートにいた筆者のもとを、電気メーターの検針担当者が訪れる。相手はこちらの事情も知らず、淡々と業務をこなそうとする。予期せぬ闖入者の遠慮ないふるまいに、筆者はとまどいを隠せない。「日常」とはときに暴力的で残酷なものだ。

♪ 04

« Bonjour, monsieur … »

Il porte un uniforme gris fatigué. Un carton dans sa main droite, sur lequel repose une feuille de papier[1]. Je le regarde longtemps, de haut en bas, indifférent. Il me fixe, un peu gêné. Puis il finit par lâcher.

« C'est pour le compteur EDF[2]. »

J'aurais dû[3] me souvenir de la lettre annonçant sa visite. Hélène l'a accrochée en évidence[4] sur notre réfrigérateur. Je passe devant plusieurs fois par jour. Mais ces derniers temps je suis aveugle au monde.

« Est-ce que je peux entrer ? »

Je pensais que si un jour la lune disparaissait[5], la mer se retirerait pour qu'on ne la voie pas pleurer[6]. Que les vents cesseraient de danser[7]. Que le soleil ne voudrait plus se lever.

Il n'en est rien[8]. Le monde continue de tourner, les compteurs d'être relevés[9].

Je me décale, silencieux, de l'embrasure de la porte. Le regarde[10] s'avancer devant moi. Il entre chez nous avec ses gros sabots de vivant[11]. Je ne lui indique pas le chemin. Il sait ce qu'il a à faire[12]. Il l'a déjà fait dix fois aujourd'hui, mille fois peut-être cette semaine, il n'a fait que ça toute sa vie. Je le regarde agir de loin. J'ai envie de lui dire que ce n'est pas le moment. Il n'est pas le bienvenu. Il vient me crier[13] dans les oreilles que dehors la vie a repris son cours[14]. Et je n'ai pas envie de l'entendre.

読解のヒント

1 **...sur lequel repose une feuille de papier**　**sur lequel** は **un carton** を先行詞とする、前置詞つきの関係代名詞（→文法解説 II-5）。主語と動詞 (**reposer**) が倒置されている。

2 **EDF**　フランス電力公社 (**Électricité de France**)

3 **J'aurais dû...**　助動詞 **devoir** の条件法過去（→文法解説 I-4）。遺憾の意を表す。(「〜すべきだった」)

4 **en évidence**　「目立つように」

5 **Je pensais que si un jour la lune disparaissait...**　反現実の仮定を表す条件文 (<**Si** ＋ 主語 ＋ 半過去, 主語 ＋ 条件法現在>) については、時制の一致（→文法解説 I-9）を行わないのが普通である。ここでは主節の動詞が半過去 (**Je pensais**) でも、**que** 以下の動詞は半過去 (**disparaissait**) と条件法現在 (**se retirerait**) の組み合わせのまま。

6 **pour qu'on ne la voie pas pleurer**　接続詞句 **pour que**（〜するために）に続く動詞は接続法になる (**voie**<**voir**)。<知覚動詞 **voir** ＋ 直接目的補語 ＋ 不定詞> は「〜が…するのを見る」（→文法解説II-3）。「それ（＝海）が泣くのをみんなが見なくてすむように」。

7 **Que les vents cesseraient...**　前文の **Je pensais que** に続くと考えてよい。次の文も同様。

8 **Il n'en est rien.**　「そんなことは全くない」。

9 **les compteurs d'être relevés**　主語 (**les compteurs**) のあとに動詞 **continuent** が省略されている。
***relever** 動（ガスや電気のメーターを）検針する

10 **Le regarde...**　主語 **je** が省略されている。

11 **avec ses gros sabots de vivant**　「生者の大きな靴をはいて」。比喩的に、心遣いを欠いた無神経なふるまいを指す表現。

12 **ce qu'il a à faire**　<**avoir à** ＋ 不定詞>は「〜しなければならない」の意。「彼がすべきこと」。

13 **Il vient me crier...**　***venir** ＋ 不定詞「〜しに来る」。

14 **dehors la vie a repris son cours.**　「外では生活が再び始まっている」

●作者について●

アントワーヌ・レリス（1981 - ）　ジャーナリスト。2015年11月のパリ同時多発テロ事件で、劇場スタッフとして働いていた妻を失った。本文はFacebookへの投稿と同名の、テロ後の12日間の出来事をつづった本（邦訳『ぼくは君たちを憎まないことにした』）からの抜粋である。あとに残された幼い息子との毎日は過酷で、喪の悲しみにひたることも許されない。遠回しな気遣いの言葉、たいへんでしょう、とおかずを交代で作ってきてくれるママ友たち。人の善意がわずらわしいものに感じられてしまうほどに、愛する者を突然失った悲しみは深い。

4 Éric-Emmanuel Schmitt : *L'Enfant de Noé*

| ど | ん | な | 作 | 品 | ? |

神父の決意 第二次世界大戦下のブリュッセル。10歳の少年ジョゼフは、ユダヤ人の一斉検挙の危険のせまる首都を離れ、両親と別れて郊外の村にあるカトリックの寄宿学校に預けられる。そこではポンス神父がひそかにユダヤ人の子どもたちを匿い、ときに法を犯して、厳しい監視の目から彼らを守っていた。行動に謎の多いポンス神父に大いに好奇心を刺激されたジョゼフは、ポンス神父を父親のように慕い、神父のようになりたいと思うようになる。神父は厳しい状況の下でも、ユダヤ人の子どもたちが民族としての誇りとユダヤ教の信仰を失うことのないよう心を砕いていたが、当のジョゼフはそうしたことにいっこうに無頓着である。

♪ 05

Le premier dimanche, le père Pons me convoqua à neuf heures dans son bureau.

— Joseph, je suis désolé : je voudrais que tu ailles à la messe avec les autres enfants de la pension.

— D'accord. Pourquoi êtes-vous désolé[1] ?

— Ça ne te choque pas ? Tu vas te rendre dans une église, pas dans une synagogue[2].

Je lui expliquai que mes parents ne fréquentaient pas la synagogue et que je les soupçonnais de ne même pas croire en Dieu[3].

— Peu importe[4], conclut le père Pons. Crois en ce que tu veux, au Dieu d'Israël, au Dieu des chrétiens ou en rien[5], mais ici, comporte-toi comme tout le monde. Nous allons nous rendre à l'église du village.

— Pas à la chapelle au fond du jardin ?

— Elle est désaffectée. De plus, je veux que le village connaisse toutes les brebis de mon troupeau[6].

Je revins en courant au dortoir pour me préparer. Pourquoi étais-je si excité de me rendre à la messe[7] ? Sans doute sentais-je[8] qu'il y avait un fort bénéfice à devenir catholique : cela me protégerait[9]. Mieux : cela me rendrait normal. Être juif, pour l'instant, signifiait avoir des parents incapables de m'élever[10], posséder un nom qu'il fallait mieux remplacer, contrôler en permanence mes émotions et mentir. Alors, quel intérêt ? J'avais très envie de devenir un petit orphelin catholique.

読解のヒント

1 **Pourquoi êtes-vous désolé ?** 「どうして「すまない」なんて言うんですか」。ここでジョゼフは、ポンス神父のお詫びの意図をはかりかねている。

2 **Tu vas te rendre dans une église, pas dans une synagogue.** ポンス神父はジョゼフに、シナゴーグ（ユダヤ教の会堂）ではなく、カトリックの教会に行けと指示しているのだと念押ししている。

3 **Je lui expliquai que mes parents ne fréquentaient pas la synagogue et que je les soupçonnais de ne même pas croire en Dieu.** ここでは間接話法が用いられており、主節（**Je lui expliquai**）の単純過去の時制に合わせて、接続詞 **que** で導かれた二つの従属節の動詞（**fréquenter, soupçonner**）が半過去に置かれている（時制の一致 →文法解説 I-9）。 ***soupçonner** 人 **de** ＋ 不定詞「（人）が〜ではないかと疑う」 ***croire en Dieu**「神を信じる」

4 **Peu importe** 「たいしたことではない」

5 **Crois en ce que tu veux, au Dieu d'Israël, au Dieu des chrétiens ou en rien** 信仰として「〜（の存在）を信じる」というときには、**croire à** ~ と **croire en** ~ の二つの前置詞がありうる。

6 **toutes les brebis de mon troupeau** キリスト教では信徒を羊にたとえる。ここでは寄宿舎の子どもたちのことを「羊の群れ」と表現している。

7 **Pourquoi étais-je si excité de me rendre à la messe ?** 自由間接話法（→文法解説I-10）の文。直接話法であれば **« Pourquoi suis-je si excité de me rendre à la messe ? »** となる。

8 **Sans doute sentais-je...** 副詞句 **sans doute** が前置され、主語と動詞の倒置が起きている。

9 **cela me protégerait.** 自由間接話法。直接話法であれば **« Cela me protégera »**。単純未来形は時制の一致によって条件法現在形となる（→文法解説I-9）。次の文（**Mieux...**）以下も自由間接話法で、最後から２番目の文（**Alors, quel intérêt ?**）まで続く。

10 **Être juif, pour l'instant, signifiait avoir des parents incapables de m'élever...** 「さしあたってユダヤ人であることは、ぼくを（自分で）育てられない両親をもつことであり…」。この文では、不定詞 **être** が主語、そして **avoir**、**posséder**、**contrôler** が動詞 **signifier** の直接目的補語となっている。

作者について

エリック=エマニュエル・シュミット（1960 - ）　小説家・戯曲家。哲学博士の称号をもつ。1997年以降、青少年の視点から諸宗教を描く連作小説群「目に見えないもの」(« Le cycle de l'invisible ») を手がけており、本作は4作目にあたる。どんな絶望的な状況でもけっしてユーモアを忘れず、人間の弱さを許し、信頼することの大切さを教えるポンス神父の姿には、シュミットのモットーである「楽天主義」がよく表れている。

5 Jacques Prévert :

« Familiale »

|どんな作品？|

戦火を生き抜く家族の生 代表作『ことば』に収められたこの詩に盟友ジョゼフ・コスマが曲をつけ、プレヴェールのもっとも早い時期のシャンソンのひとつとして知られるようになった。息子を兵役にとられた父と母は、戦時下にあっても自分たちの暮らしを力強く守り抜いている。一方で息子は、戦争という大義の犠牲となることを余儀なくされている。動詞の現在形の繰り返しが、終わりの見えない戦争への不安を押し隠して日々を営み続けようとする確固たる意思と、各々ができることをするしかないというやり場のない悲しみを表現しているかのようだ。兵役についた詩人自身の経験が色濃く反映され、素朴さゆえに胸を打つ反戦の訴えとなっている。

♪ 06

La mère fait du tricot
Le fils fait la guerre
Elle trouve ça tout naturel la mère[1]
Et le père qu'est-ce qu'il fait le père ?
Il fait des affaires[2]
Sa femme fait du tricot
Son fils la guerre
Lui[3] des affaires
Il trouve ça tout naturel le père
Et le fils et le fils
Qu'est-ce qu'il trouve le fils ?
Il ne trouve rien absolument rien le fils
Le fils sa mère fait du tricot son père des affaires lui la guerre
Quand il aura fini la guerre[4]
Il fera des affaires avec son père
La guerre continue la mère continue elle tricote
Le père continue il fait des affaires
Le fils est tué il ne continue plus

Le père et la mère vont au cimetière
Ils trouvent ça naturel le père et la mère
La vie continue la vie avec le tricot la guerre les affaires
Les affaires la guerre le tricot la guerre
Les affaires les affaires et les affaires
La vie avec le cimetière.

読解のヒント

1 **Elle trouve ça tout naturel la mère**　<**trouver** ＋ 名詞 ＋ 形容詞>「〜を〜だと思う」。**ça** は **ceci, cela** の口語体で、ここでは１行目と２行目の内容を受けている。

2 **affaires**　[名・女]（複数形で）商売、事業

3 **Lui**　人称代名詞 **il** の強勢形。

4 **Quand il aura fini la guerre**　前未来（<助動詞 **avoir** または **être** の単純未来 ＋ 過去分詞>）の時制は、未来の時点における完了を表す。「戦争が終わったら」。

作者について

ジャック・プレヴェール（1900 - 1977）　パリ郊外で芸術を愛する父のもとに育ち、少年期から演劇や映画に親しむ。第一次世界大戦中の兵役を経て、1930年代から詩作を開始し、同時代のシュルレアリストとは一線を画した、平易かつ軽快な言葉遣いによる詩風を確立した。とりわけシャンソンのための詩の創作に打ちこみ、その多くは今もなお人々に愛されている。代表的な詩集に『見世物』(1951)、『雨とお天気』(1955) などがある。

6 Jules Supervielle :
Le Voleur d'enfants

| ど | ん | な | 作 | 品 | ? |

善意の誘拐犯 パリの高級住宅街で、子に無関心な母親と女中とともに暮らしていた7歳のアントワーヌは、ある日オペラ座近くのデパートの雑踏の中で見知らぬ紳士に手を引かれ、連れ去られる。その紳士、ビグア大佐は妻のデスポソリアとともに、不幸な子供たちを探しては自宅に連れ帰り、養育していた。そこではアントワーヌのようにさまざまな理由で育児放棄された子供たちが、何不自由なく暮らしている。いったんは逃げ出そうとしたアントワーヌも、次第にこの疑似家族の形をごく自然なものとして受け入れるようになる。以下はアントワーヌが初めて大佐の家に連れてこられた場面。

♪ 07

Bigua mène l'enfant au salon, fait signe à sa femme de[1] se retirer, et après une petite pause (on a l'impression que son cœur, oppressé d'un grand trouble, pâlit dans sa poitrine) :

— Si vous voulez, Antoine, je vous ramènerai chez vous immédiatement.

L'enfant ne dit rien, sentant que cette question ne le regarde pas[2], que c'est là affaire de grandes personnes.

— Préférez-vous rester chez nous ?

Antoine souligne d'un nouveau silence le silence de tout à l'heure.

— C'est bien, va t'amuser, et si jamais tu as envie de retourner chez toi, tu me le diras, je te ramènerai immédiatement.

L'enfant rejoint ses camarades dans la chambre de jeux. On[3] le pousse vers le fond de la pièce.

— Où as-tu été volé[4] ? lui demande-t-on.

Antoine répond le plus simplement du monde[5] :

— Devant les Galeries Lafayette[6].

— Ici nous avons tous été volés.

Le mot *volé* donne à Antoine envie de se fâcher, mais les autres enfants ne l'emploient qu'avec une nuance de respect comme on dit *noblesse* chez les nobles, ou *mes confrères de l'Académie* chez un académicien[7].

— Moi, dit Fred, j'ai été volé à Londres, un jour de brouillard.

— Moi aussi, dit son frère, nous nous donnions la main.

Antoine s'aperçoit alors qu'ils sont jumeaux et s'expriment avec un léger accent anglais.

— Et moi dans mon lit, dit le plus âgé des enfants.

— Ne restez pas là à ne rien faire[8], ordonne Desposoria entrant dans la pièce. Courez, amusez-vous un instant, puis vous irez vous coucher.

— Oui, maman, disent trois voix au son étrange de mensonge[9].

Les enfants se mettent à courir sans but devant Desposoria, et Antoine n'obtient pas d'autres renseignements sur ses camarades.

読解のヒント

1 **faire signe à** 人 **de** ＋ 不定詞　「（人）に〜するようにと合図をする」

2 **cette question ne le regarde pas**　***regarder** 動 〜にかかわる、関係する

3 **On**　ほかの子供たちを指す

4 **Où as-tu été volé ?**　受動態 <**être** ＋ 過去分詞> の文では、時制（現在・過去・未来）は **être** の部分で表される。ここでは複合過去形：**tu as été volé**「きみはさらわれた」

5 **le plus simplement du monde**　「ごく簡単に」

6 **les Galeries Lafayette**　ギャラリー・ラファイエット。パリ９区にある老舗のデパート。

7 **Le mot *volé* donne à Antoine...**「さらわれた (**volé**)」という言葉は本来、名誉なものではないが、大佐の家の子供たちの間では、貴族が仲間内で貴族の家柄 (**noblesse**) を語り、アカデミー・フランセーズ（フランス学士院）の会員が「会員諸兄」(**mes confrères**) と呼び合うときのような敬意がこめられていた、という意味。

8 **Ne restez pas là à ne rien faire**　***rester à** ＋不定詞「ずっと〜している、〜したままでいる」

9 **au son étrange de mensonge**　「いかにもうそっぽい調子で」

●作者について●

ジュール・シュペルヴィエル（1884 - 1960）　南米のウルグアイに生まれ、フランスとの間を行き来しながら詩や小説を書いた。小説は、詩的な文体でつづられた寓話のような作風を特徴とする。『人さらい』のビグア大佐には、故郷喪失者の孤独が反映されている。大佐はいつか妻や子供たちとともに故郷に帰ることを夢見ているが、子供たちは彼の意志とはかかわりなく成長していく。ゆがんだ愛情の行き場を失い、孤独を深めていく大佐の姿が胸を打つ。

7 Patrick Modiano : *Un Pedigree*

| ど | ん | な | 作 | 品 | ? |

わかりあえない父と子 自伝小説『血統書』で、モディアノは自らの両親の出自から、作家としての天職を見い出す20代前半までを語っている。闇の商売で戦争を生きのびたユダヤ系移民の父親と、ベルギー出身の女優志望の母親がパリで出会い、モディアノが生まれる。夫婦仲は早くに破綻し、モディアノと弟は親戚や知人たちの間をたらい回しにされて育つ。やがて弟は病気で急逝。思春期を迎えた少年を、父親は頑なにパリから遠ざけ、興行のために諸国を放浪する母親は、金欠のたびに息子に無心する。青年は貧窮生活に耐えてバカロレア（大学入学資格試験）を取得し、将来への夢をふくらませ始めるが、父親はまたも彼をボルドーの寄宿舎つき学校へ追いやろうとする。

♪ 08 À la gare d'Austerlitz, nous montons dans le train pour Bordeaux, mon père et moi. Je n'ai aucun bagage, comme si c'était un enlèvement[1]. J'ai accepté de partir avec lui en espérant pouvoir le raisonner[2] : c'est la première fois depuis deux ans que nous passons ensemble un temps plus long que ces rendez-vous à la sauvette dans les cafés[3].

Nous arrivons le soir à Bordeaux. Mon père prend une chambre pour nous deux à l'hôtel Splendide. Les jours suivants nous allons dans les magasins de la rue Sainte-Catherine faire mon trousseau de pensionnaire[4] — dont le lycée Michel-Montaigne a communiqué la liste à mon père. J'essaye[5] de le convaincre que tout cela est inutile mais il n'en démord pas.

Un soir, devant le Grand Théâtre de Bordeaux, je me mets à courir pour le semer[6]. Et puis j'ai pitié de lui. De nouveau, je tente de le raisonner. Pourquoi cherche-t-il toujours à se débarrasser de moi[7] ? Ne serait-il pas plus simple que je reste à Paris ? J'ai passé l'âge d'être enfermé dans les pensionnats … Il ne veut rien entendre. Alors, je fais semblant d'obtempérer. Comme autrefois, nous allons au cinéma… Le dimanche soir de la rentrée des classes, il m'accompagne en taxi au lycée Michel-Montaigne. Il me donne cent cinquante francs[8] et me fait signer un reçu. Pourquoi ? Il attend dans le taxi que je passe le porche du lycée. Je monte au dortoir avec ma valise. Des pensionnaires me traitent de « bizuth[9] » et m'obligent à lire un texte grec. Alors, je décide de fuir. Je sors du lycée avec ma valise et je vais dîner au restaurant Dubern, sur les allées de Tourny[10], où mon père m'avait emmené les jours précédents. Ensuite je prends un taxi jusqu'à la gare Saint-Jean. Et un train de nuit pour Paris. Il ne me reste plus rien des cent cinquante francs. Je regrette de n'avoir pas mieux connu Bordeaux, la ville des *Chemins de la mer*[11]. Et de[12] ne pas avoir eu le temps de respirer les odeurs de pins et de résine. Le lendemain, à Paris, je rencontre mon père dans l'escalier de l'immeuble[13]. Il est stupéfait de ma réapparition. Nous ne nous adresserons plus la parole pendant longtemps.

読解のヒント

1 **comme si c'était un enlèvement** 　***comme si...**「まるで〜であるかのように」。この場合、節の中の動詞は半過去形をとることが多い。

2 **en espérant pouvoir le raisonner** 　***raisonner** 動 〜を諭す、〜に言い聞かせる

3 **c'est la première fois depuis deux ans que nous passons ensemble...** 　**C'est ~ que...** の強調構文(「…なのは〜だ」)。当時父と暮らしていた女性がモディアノを嫌っていたため、父子は階を分けて住み、時折自宅近くのカフェで待ち合わせて話をしていた。

4 **mon trousseau de pensionnaire** 　父親は息子をリセ・モンテーニュの(師範学校受験のための)準備学級クラスに入れようとしていた。寄宿舎に入るために必要な身の回りのものを、ボルドーの目抜き通りサント・カトリーヌ通りでそろえようというところ。この通りの先に「大劇場」がある。

5 **J'essaye** 　**J'essaie** という活用形もある。→巻末の動詞変化表 17

6 **pour le semer** 　***semer** 動 (人を)まく、追い払う

7 **Pourquoi cherche-t-il toujours à se débarrasser de moi ?** 　この文章では過去のことを語るのに現在形が用いられているので一見わかりにくいが、この文から **« J'ai passé l'âge d'être enfermé dans les pensionnats ... »** (L11-12) までは自由間接話法 (→文法解説 I-10) が用いられている。

8 **cent cinquante francs** 　フランはフランスのかつての貨幣単位。現在の 200〜210 ユーロ程度。

9 **« bizuth »** 　準備学級の新入生を指す。上級生による新入生いじめ (**bizutage**) がしばしば行われていた。

10 **les allées de Tourny** 　トゥルニーの小道。大劇場に通じている。

11 ***Chemins de la mer*** 　ボルドー出身のフランソワ・モーリヤック (1885-1970) の小説『海への道』(1939)。ボルドーを舞台とする。

12 **Et de ne pas avoir eu le temps de...** 　前文の **Je regrette de...** (〜を残念に思う) に続く。ボルドーの海岸沿いに生える松からは、木タールや建築材がとれる。

13 **l'immeuble** 　パリの自宅のアパルトマン。

●作者について●

パトリック・モディアノ (1945 -) 　『ドーラ・ブリュデール』(1997、邦訳『1941年。パリの尋ね人』) をはじめとするモディアノの小説では、しばしばナチス・ドイツ占領下のパリ、1960年代のパリが舞台となる。そこで主人公は断片的な記憶や情報をもとに、探偵のように通りをさまよい、自らのルーツや、姿を消した肉親、友人の足跡を探し求める。だが推理小説のような明快な答えを得られるはずもなく、人物たちも明確な像を結ぶことはない。切り詰められた簡潔な文章が、人物たちをさらにとらえどころのないものにしている。2014年、ノーベル文学賞受賞。

8 François de La Rochefoucauld :
Maximes

| ど | ん | な | 作 | 品 | ? |

本心を読む フランスを代表するモラリスト（人間の行動や性格について省察をめぐらせ、それを断章や箴言の形で綴る知識人）、ラ・ロシュフコーによる箴言集。それぞれの箴言は独立し、順不同に並んでいる。ここでは「愛」「友情」「嫉妬」「自己愛」「幸福」などをめぐる箴言を選んだ。17世紀の宮廷や社交界での人間観察から得られた省察の数々は、21世紀を生きる私たちが無意識のうちに生きている欺瞞をも暴き出す。

♪ 09

Maximes

19. Nous avons tous assez de force pour supporter les maux[1] d'autrui.

136. Il y a des gens qui n'auraient jamais été amoureux s'ils n'avaient jamais entendu parler de l'amour[2].

147. Peu de gens sont assez sages pour[3] préférer le blâme qui leur est utile à[4] la louange qui les trahit.

304. Nous pardonnons souvent à ceux[5] qui nous ennuient, mais nous ne pouvons pardonner à ceux que nous ennuyons.

327. Nous n'avouons de petits défauts que pour persuader que nous n'en[6] avons pas de grands.

361. La jalousie naît toujours avec l'amour, mais elle ne meurt pas toujours avec lui.

441. Dans l'amitié comme dans l'amour[7] on est souvent plus heureux par les choses qu'on ignore que par celles que l'on sait[8].

503. La jalousie est le plus grand de tous les maux, et celui qui fait le moins de pitié aux personnes qui le causent.

Maximes supprimées*

9. On n'est jamais si malheureux qu'on croit, ni[9] si heureux qu'on avait espéré.

10. On se console souvent d'être malheureux par un certain plaisir qu'on trouve à le[10] paraître.

Maximes posthumes**

39. Il faut peu de choses pour rendre le sage heureux ; rien ne peut rendre un fol[11] content ; c'est pourquoi[12] presque tous les hommes sont misérables.

40. Nous nous tourmentons moins pour devenir heureux que pour faire croire que nous le sommes.

53. On ne se blâme que pour être loué.

56. Il est plus difficile de dissimuler les sentiments que l'on a que de feindre[13] ceux que l'on n'a pas.

57. Les amitiés renouées demandent plus de soins que celles qui n'ont jamais été rompues.

＊1665年の初版出版以降、1678年の第五版までに作者が削除した箴言。
＊＊作者自身は刊行しなかったが、別に記録が残っており、作者のものと認められている箴言。

読解のヒント

1 **maux**　**mal**（名・男 災難・不幸）の複数形

2 **des gens qui n'auraient jamais été amoureux s'ils n'avaient jamais entendu parler de l'amour.**　条件節に大過去、帰結節に条件法過去を用いた文（→文法解説 I-4）。 ***entendre parler de...**「～について話されているのを聞く」

3 **Peu de gens sont assez sages pour ...**　***assez ... pour** ＋ 不定詞「～するのに十分なほど…」。ここでは主語が **Peu de gens** なので、「～するのに十分なほど賢い人はわずかである」の意になる。

4 **préférer A à B**　「B よりも A を好む」

5 **pardonner à...**　「～を赦す」。指示代名詞 **celui** の男性複数形 **ceux** は、しばしば関係代名詞節をともなって「～な人々」。

6 **en**　中性代名詞。ここでは前出の複数形の名詞 **défauts** に代わる。動詞のあとに置かれた **de grands**（**de** ＋ 形容詞）に修飾されて「大きな欠点」の意になる。

7 **Dans l'amitié comme dans l'amour**　***A comme B**「A も B も」

8 **celles que l'on sait**　指示代名詞 **celles** は前出の名詞 **choses** に代わる。不定代名詞 **on** の前の定冠詞 **l'** は耳ざわりを良くするためで、意味はもたない。

9 **On n'est jamais si malheureux qu'on croit, ni...**　***si...que~**「～なほど…だ」。接続詞 **ni** は否定文のあとで「（…でも）～でもない」の意。

10 **le**　中性代名詞。ここでは先行する形容詞 **malheureux** を受ける。

11 **un fol** 名 愚者。形容詞 **fou** の男性第二形。通常は母音または無音の **h** で始まる男性名詞の前で用いる。

12 **c'est pourquoi...**　（前の部分を受けて）「だから～なのだ」

13 **Il est plus difficile de dissimuler les sentiments que l'on a que de feindre...**　二番目の **que** は比較の対象を示す接続詞。比較の対象が不定詞のときには <**de** ＋ 不定詞> の形をとる。

●作者について●

フランソワ・ド・ラ・ロシュフコー（1613 - 1680）　屈指の名門の貴族の出であり、ルイ13世の宰相をつとめたリシュリューとの確執、フロンドの乱での宰相マザランとの対立でも知られる。武人にも宮廷人にもなりきれなかったが、後半生を過ごしたパリのサロンではその才気で本領を発揮した。武人・宮廷人・社交人として培った経験と、鋭い人間観察眼が光る『箴言集』は、1665年に出版されるやいなや大きな反響を呼び、現代においてもフランス語の散文の最高峰のひとつに数えられる。

9 Jules Supervielle :
« Docilité »

| ど | ん | な | 作 | 品 | ? |

秘められた友情 この詩が収録されている詩集『世界の寓話』は、シュペルヴィエル流の「創世記」と呼びうる作品である。造物主としての神が混沌から世界を創造する場面に始まり、最初の男や女、木や犬の誕生を歌った詩が連なる。「すなおさ」の語り手は、人間の生の営みに否が応でもつき合わされる森である。人間たちのわがままに呆れ、その「犠牲者」を自称する森の口調は、いささか皮肉めいてはいるものの、どこか優しい。そして、いざ人間から何も求められなくなると、とたんに寂しがり、自分の「すなおさ」をアピールする…。自然と人間の共生がほほえましく描かれた、おとぎ話のような一篇。

♪ 10

La forêt dit : « C'est toujours moi la sacrifiée,
On me harcèle, on me traverse, on me brise à coups de[1] hache,
On me cherche noise[2], on me tourmente sans raison,
On me lance des oiseaux à la tête ou des fourmis dans les jambes,
Et l'on me grave des noms auxquels je ne puis m'attacher[3].
Ah ! on ne le sait que trop que je ne puis me défendre[4]
Comme un cheval qu'on agace ou la vache mécontente.
Et pourtant je fais toujours ce que l'on m'avait dit de faire,
On m'ordonna : " Prenez racine." Et je donnai de la racine tant que je pus[5],
" Faites de l'ombre." Et j'en fis autant qu'il était raisonnable[6],
" Cessez d'en[7] donner l'hiver." Je perdis mes feuilles jusqu'à la dernière.
Mois par mois et jour par jour[8] je sais bien ce que je dois faire,
Voilà longtemps qu'on n'a plus besoin de me commander[9].
Alors pourquoi ces bûcherons qui s'en viennent[10] au pas cadencé ?
Que l'on me dise ce qu'on attend de moi[11], et je le ferai,
Qu'on me réponde par un nuage ou quelque signe dans le ciel,
Je ne suis pas une révoltée, je ne cherche querelle à personne[12]
Mais il me semble tout de même que l'on pourrait bien me répondre[13]
Lorsque le vent qui se lève fait de moi une questionneuse[14]. »

読解のヒント

1 **à coups de** ＋ 無冠詞名詞　「～の力によって」

2 **chercher noise à** [人]　「～にけんかを売る」。17 行目の **chercher querelle à** [人] も同義。

3 **auxquels je ne puis m'attacher.**　**auxquels** は前置詞つきの関係代名詞（→文法解説 II- 5）。**puis** は **pouvoir** の直説法現在形（文章語）。　***s'attacher à...**「～に愛着を感じる」。否定形のとき、文章語では **pas** が省略されることがある。

4 **on ne le sait que trop que je ne puis me défendre...**　***ne...que trop...**「十分すぎるほど～だ」。中性代名詞 **le** は **que** 以下の内容を先取りして示している。

5 **Et je donnai de la racine tant que je pus**　***tant que...**「～な限りは」。**pus** < **pouvoir**

6 **Et j'en fis autant qu'il était raisonnable**　「ほどよい量だけそれ（＝影）を作った」。**autant que...**「～と同じだけ」。**il** は非人称主語。

7 **Cessez d'en...**　この中性代名詞 **en** も「影」を指す。

8 **Mois par mois... jour par jour**　それぞれ「月ごとに」、「日ごとに」の意味。

9 **Voilà longtemps qu'on n'a plus besoin de me commander**　***Voilà longtemps que** ～「久しい以前から～だ」　***avoir besoin de** ＋ 不定詞「～を必要とする」

10 **pourquoi ces bûcherons qui s'en viennent... ?**　***s'en venir** [動] やってくる

11 **Que l'on me dise ce qu'on attend de moi...**　<**Que** ＋ 接続法現在> は祈願・命令を表す（「～を言っておくれ」）。　***attendre...de** [人]「（人）に～を望む」

12 **je ne cherche querelle à personne**　***ne...personne**「だれも～ない」

13 **il me semble tout de même que l'on pourrait bien me répondre**　***tout de même**「それでもなお」 **pouvoir** の条件法現在はこの場合、「森」の願望を婉曲に伝えている（「～してほしい」）。

14 **Lorsque le vent qui se lève fait de moi une questionneuse**　***faire A de B**「B を A にする」（この場合、A が **une questionneuse**、B が **moi** にあたる）。「そよぐ風がわたしを聞きたがりにする時には」。

●作者について●

ジュール・シュペルヴィエル（1884 - 1960）　ウルグアイに生まれ、生涯にわたりフランスと祖国を往来した（→第6課の「作者について」も参照）。豊かな想像力によって紡ぎ出された夢幻的な世界は、物悲しさと温かさを同時に感じさせる。南米の平原（パンパ）で生きる牛や馬たちの素朴な暮らしから、圧倒的な孤独を生きる人間の悲劇性まで、生と死が彼の詩の重要なテーマである。代表的な詩集に『万有引力』(1925)、『忘れがちな記憶』(1949) などがある。

10 Hubert Mingarelli :
La dernière neige

| ど | ん | な | 作 | 品 | ? |

父に捧げる少年の無垢な愛 養老院でお年寄りの散歩の付き添いをして父母の生活を支える少年は、ある日、店先でトビ (milan) が売られているのを見つける。いつかこの鳥を手にしたいと夢見ながら、少年は毎晩、病床の父の傍らで外の世界の出来事を語るのを習慣にしている。しんしんと降る雪のなかで流れる質素な暮らし、刻々と迫る父の死──本作品では父親の緩慢な死と、それによってもたらされる少年の幼少期の終わりが、飾り気のない文体で鮮やかに綴られている。引用箇所はある嵐の夜、少年が病床の父親に向けてトビ狩りの話を創作して聞かせる場面。激しい風雨の音にかき消されまいと必死で父親に語りかける少年は、知恵を絞って物語を紡ぎ出してゆく。

♪ 11

Un soir, il y a eu une tempête, enfin c'est l'impression que nous avons eue dans la chambre quand nous avons entendu le vent et la pluie. Ou, plutôt qu'une impression, je crois que nous avons eu envie de nous dire que c'était une tempête[1]. Au bout d'[2]un moment, mon père m'a demandé de me lever du fauteuil et d'aller devant la fenêtre. Ce que j'ai fait[3], alors il m'a demandé de lui raconter la capture du milan. J'ai commencé, mais il m'a tout de suite dit :

— J'entends rien[4] !

J'ai repris depuis le début, je criais presque pour couvrir le bruit de la tempête. J'ai raconté un peu, j'ai dit quelques phrases, et je me suis soudain arrêté et j'ai demandé :

— Et là[5] ?

— Là c'est bien.

J'ai dit :

— Alors je recommence depuis le début et je m'arrête plus.

— Attends !

Il a tendu le bras et a éteint sa lampe. À cet instant j'ai recommencé depuis le début et je ne me suis plus arrêté. Pas même quand je me suis fait glisser le long de la fenêtre[6] et me suis retrouvé assis sur les talons. J'étais bien comme ça pour raconter.

Ça a été l'une des plus formidables captures que je lui ai racontées. Ma voix faisait vibrer l'air de la chambre. Les efforts de l'homme pour capturer le milan étaient rendus dramatiques par[7] la force de ma voix. C'était pareil pour les efforts que le milan déployait pour échapper à l'homme. Et avec tout ce qu'on entendait du dehors, la pluie et le vent, on aurait dit que[8] la capture se déroulait vraiment au milieu de la tempête. Je me souviens très bien que les trous d'eau étaient des gouffres, les lacs étaient en crue, toute chose était quelque chose de plus grand. Mais ce dont je me souviens le mieux, parce que ça a marqué mon père, c'est que[9] l'ombre de l'homme était une nuit noire. Ça m'avait traversé l'esprit comme ça[10]. Elle n'avait pas beaucoup de sens, cette phrase, peut-être même pas du tout, mais je la trouvais magnifique.

読解のヒント

1 **plutôt qu'une impression, je crois que nous avons eu envie de nous dire que...** 「そういう感じがしたというよりも、ぼくらはそれが嵐だと思いたかったんだと思う。」 ***plutôt que...** 「〜よりもむしろ」 ***se dire** 動 〜だと考える、思う

2 **au bout de...** 「〜の後、〜が経って」

3 **Ce que j'ai fait** 「ぼくはそのようにした」。**ce que** は前文の内容を受ける（→文法解説 II-4）

4 **J'entends rien !** 「何も聞こえないぞ！」。**rien** は否定辞の **ne** を伴うことが多いが、口語ではしばしば省略される。

5 **Et là ?** 「このくらいの声でどう？」

6 **je me suis fait glisser le long de la fenêtre** <**se faire** ＋ 不定詞>：**se** は **glisser**（〜を滑りこませる）の直接目的補語（自分を）。「窓にもたせかけていた体をずるずると滑らせて」。

7 **...étaient rendus dramatiques par...** <**rendre A** ＋ 属詞>「A を〜にする」の受動態の半過去形。

8 **on aurait dit que...** ***on dirait que**〜「まるで〜のようだ」の条件法過去（→文法解説 I-4）

9 **ce dont je me souviens le mieux, parce que ça..., c'est que...** 「その中でもぼくが一番覚えていることは、というのも父さんがそれに目をつけたからなのだけど、それは…」。**ce** も **ça** も、**c'est que...** 以下の、「ぼく」の話りの内容を指す。

10 **Ça m'avait traversé l'esprit comme ça.** 「それはそっくりそのままぼくの胸に浮かんだ。」文頭の **Ça** もやはり直前の **« l'ombre de l'homme était une nuit noire. »** を指す。

●作者について●

ユベール・マンガレリ（1956 -）　ロレーヌ地方に生まれ、十代の終わりに海軍に所属したのち、様々な職を転々とする生活を送る。1991年に本格的に作家活動を開始し、軍隊での生活や父と息子の関係を主題とする中編・長編小説を多数発表している。現在はグルノーブルに暮らし、精力的に執筆を続けている。代表作に『静かに流れるみどりの川』(1999)、『四人の兵士』(2003) がある。

11 Arthur Rimbaud :
« Aube »

| ど | ん | な | 作 | 品 | ? |

とらえがたいものを追う詩人の夢 だれよりも早く目覚めた「ぼく」が「夜明け」の姿を認め、あとを追いかけ、抱きとめようとする過程をつぶさにたどった一篇。最後の一行が、それまでの詩行で展開されたイメージを覆してしまうという構成は、ランボーの詩に特有のものであり、時間の経過に沿って展開されるこの詩において、とりわけ鮮やかな効果をあげている。

♪ 12

J'ai embrassé l'aube d'été.

Rien ne bougeait[1] encore au front des[2] palais. L'eau était morte. Les camps d'ombres ne quittaient pas la route du bois. J'ai marché, réveillant[3] les haleines vives et tièdes, et les pierreries regardèrent, et les ailes se levèrent sans bruit.

La première entreprise fut, dans le sentier déjà empli de frais et blêmes éclats, une fleur qui me dit son nom[4].

Je ris au wasserfall[5] blond qui s'échevela à travers les sapins : à la cime argentée je reconnus la déesse[6].

Alors je levai un à un les voiles. Dans l'allée, en agitant les bras[7]. Par la plaine, où je l'ai dénoncée au coq. À la grand-ville elle fuyait parmi les clochers et les dômes, et courant comme un mendiant[8] sur les quais de marbre, je la chassais.

En haut de la route[9], près d'un bois de lauriers, je l'ai entourée[10] avec ses voiles amassés, et j'ai senti un peu son immense corps. L'aube et l'enfant[11] tombèrent au bas du bois.

Au réveil[12] il était midi.

読解のヒント

1 **Rien ne bougeait**　**Rien** が文の主語のとき、動詞の活用は三人称単数形（「何も…ない」）。

2 **au front de...**　「～の正面で」

3 **réveillant**　この現在分詞（「目覚めさせながら」）の動作主は **je**（「ぼく」）。

4 **La première entreprise fut, dans le sentier déjà empli..., une fleur qui me dit son nom.**　文の主語は **la première entreprise**、**être** に続く属詞は **une fleur** で、その間に状況補語 **dans le sentier... éclats** が置かれている。

5 **wasserfall**　**chute d'eau**（滝）にあたるドイツ語。ここでは降り注ぐ光を表している。**blond**「金髪の」や **s'écheveler**「髪を振り乱す」といった語彙を用いて擬人化されている。

6 **la déesse**　「女神」= **l'aube d'été**

7 **en agitant les bras**　ジェロンディフ (<**en** ＋ 現在分詞>) の動作主は **je**。

8 **et courant comme un mendiant**　現在分詞 **courant** の動作主は **je**。「乞食のように駆けて」。

9 **En haut de la route**　***en haut de...**「～の上で」。対義語は段落末の **au bas de...**「～の下で」。

10 **je l'ai entourée...**　直接目的補語 **l'**(=**la**) は「女神」(**la déesse**)を指す。過去分詞の性数一致については (→文法解説 II-1)。

11 **l'enfant** は **je**（「ぼく」）を指す。

12 **Au réveil**　「目を覚ました時に」

●作者について●

アルチュール・ランボー（1854 - 1891）　十代で詩作を始め、郷里シャルルヴィルからパリに上京。詩人ポール・ヴェルレーヌと親密な関係を結び、既成の詩法を退けた、新しい韻文詩のあり方を追求した。一方で散文による詩集『地獄の季節』(1873) や、のちに『イリュミナシオン』(1886) の題でまとめられる詩群を執筆する。これら二作はランボーが文学と訣別した後に知られることとなり、象徴主義やシュルレアリスムの詩人に絶大な影響を与えた。

12 Guillaume Apollinaire : « L'Orangeade »

| ど | ん | な | 作 | 品 | ? |

天才医師の誤算 ジェームズ・キンバリン医師はオーストラリア中にその名を知られた名医であったが、彼には大きな弱点があった。自分の患者が死ぬのを見たくないあまり、治る見こみのない患者の治療を拒否するというものである。ある日、牧羊業を営むリー・ルイスという男が診察を受けにやってきた。その病状は深刻で、仲間の医師たちもみなさじを投げていた。なんとか助けてほしいと懇願するルイスを前に、キンバリン医師はあることを指示する。この療法が思いがけず功を奏したとき、医師のとった行動とは…。

♪ 13 Il [Lee Lewes] arrive, se présente, achève le récit de ses maux. Le docteur l'examine et lui dit froidement qu'il n'a rien à lui ordonner[1].

Lee Lewes insiste.

« Je vous en prie, docteur, ne m'abandonnez pas, dit-il, puisque votre abandon équivaut à une condamnation à mort. »

James Kimberlin le regarde, il ressent une grande pitié pour cet homme qu'il sait perdu[2]. « Pourquoi le désespérer ? pense-t-il. Qu'il meure[3] au moins avec l'idée qu'il se sauve. »

« Eh bien ! dit-il, buvez de l'orangeade[4], et buvez-en autant que vous voudrez. »

Lee Lewes s'en alla rasséréné et le docteur Kimberlin, certain qu'il ne vivrait plus longtemps[5], oublia cette visite importune.

Cependant[6] le malade prenait des orangeades. Il en buvait soir et matin. Il en but un an durant, si bien qu'[7]il recouvra la santé et l'embonpoint.

Et, prêt à repartir pour les sauvages contrées où il gardait les moutons, Lee Lewes crut alors devoir aller témoigner sa reconnaissance à[8] son sauveur.

Il va le trouver, muni d'un riche présent. Le docteur Kimberlin eut peine à[9] le reconnaître. Il ne pouvait croire à[10] une cure aussi miraculeuse.

Mais, à la fin, ne pouvant douter du succès des orangeades qu'il avait ordonnées et plein d'une curiosité sans mesure pour les causes de cette guérison[11], il prie Lee Lewes de passer dans son cabinet, où, saisi d'une sorte de folie professionnelle, il prend un revolver, lui brûle la cervelle, fait son autopsie et cherche dans l'examen de son corps la cause d'une maladie dont tous ses confrères n'avaient pu découvrir le principe, et qu'il avait guérie sans le vouloir[12].

読解のヒント

1 **ordonner** （医者が薬を）「処方する」

2 **cet homme qu'il sait perdu** 「もう助からないと（医師が）わかっている男」。リー・ルイスのことを指す。

3 **Qu'il meure...** <**Que** ＋接続法現在... ！> の祈願文。**meure** ＜ **mourir**

4 **orangeade** 名・女 オレンジエード。オレンジの果汁に糖分と冷水を加えた飲み物。

5 **certain qu'il ne vivrait plus longtemps** 意味上の主語は医師。**vivre** の条件法現在形 **vivrait** は、過去から見た未来を表す用法（→文法解説 I-3）。「彼［ルイス］がもう長生きはできないだろうと確信して」

6 **Cependant** 副 その間に

7 **si bien qu'il recouvra...** ***si bien que...**「それゆえ、したがって～」

8 **crut ...devoir aller témoigner sa reconnaissance à...** 「～に感謝の念を表しに行くべきだと思った」

9 **Le docteur Kimberlin eut peine à...** ***avoir peine à ... = avoir la peine de** ＋ 不定詞 「～するのに苦労する」

10 **Il ne pouvait croire à...** ***croire à ...**「～がありうると思う」

11 **ne pouvant douter... et plein d'une curiosité... de cette guérison** 現在分詞 **pouvant** と形容詞 **plein** は文の主語 **il**（キンバリン医師）の状態を表している。

12 **la cause d'une maladie dont tous ses confrères n'avaient pu découvrir le principe, et qu'il avait guérie sans le vouloir.** 関係代名詞 **dont** も **qu'(= que)** も、**une maladie** を先行詞とする。「仲間の医師たちがだれもその根本を見抜けず、心ならずも彼自身が治してしまった病気の原因」。

●作者について●

ギヨーム・アポリネール (1880 - 1918) 詩人・小説家・美術批評家。奇抜な発想と斬新な言語感覚によって近代詩を大胆に革新し、のちのダダイズムやシュルレアリスムの展開に大きく貢献した。代表的な詩集として『アルコール』(1913) がある。アポリネールの短編小説には本作のようにしばしば風変わりな人物が登場し、夢と現実の境界をこえて奇想天外な展開を見せる。語り口は諧謔（かいぎゃく）に富み、そこはかとない哀感が漂う。

13 Alain-Fournier : *Le grand Meaulnes*

｜ど｜ん｜な｜作｜品｜？｜

永遠の探索者 ふとしたきっかけで、廃墟のような城館で行われていた結婚式の宴に迷いこんだ17歳のオーギュスタン・モーヌは、そこで出会った少女イヴォンヌ・ド・ガレの面影が忘れられず、家出と彷徨を繰り返す。だが「失われた小径」と「不思議なお屋敷」の発見には至らない。諦めきれないモーヌは進学を口実に、かつてイヴォンヌの一家が暮らしていたというパリに向かい、教えられた屋敷の前にたたずむ。しかしいつ行っても灯りはついておらず、同じく一家の動向を気にかけて通ってきているらしい別の娘から、衝撃的な話を聞く。悲嘆に暮れたモーヌは親友のフランソワ・スレルに手紙を書く。

♪ 14

C'est durant cet insupportable mois de juin que je reçus la deuxième lettre du grand Meaulnes.

Juin 189…

Mon cher ami,

Cette fois tout espoir est perdu. Je le sais depuis hier soir. La douleur, que je n'avais presque pas sentie[1] tout de suite, monte depuis ce temps.

Tous les soirs, j'allais m'asseoir sur ce banc, guettant, réfléchissant, espérant malgré tout[2].

Hier après dîner, la nuit était noire et étouffante. Des gens causaient sur le trottoir, sous les arbres. Au-dessus des noirs feuillages, verdis par les lumières, les appartements des seconds, des troisièmes étages étaient éclairés. Çà et là,[3] une fenêtre que l'été avait ouverte toute grande… On voyait la lampe allumée sur la table, refoulant à peine autour d'elle la chaude obscurité de juin ; on voyait presque jusqu'au fond de la pièce… Ah ! si la fenêtre noire d'Yvonne de Galais s'était allumée aussi, j'aurais osé, je crois, monter l'escalier, frapper, entrer…

La jeune fille de qui je t'ai parlé[4] était là encore, attendant comme moi. Je pensai qu'elle devait connaître la maison et je l'interrogeai :

— Je sais, a-t-elle dit, qu'autrefois, dans cette maison, une jeune fille et son frère venaient passer les vacances. Mais j'ai appris que le frère avait fui le château de ses parents sans qu'on puisse jamais le retrouver[5], et la jeune fille s'est mariée. C'est ce qui vous explique que l'appartement soit fermé.

Je suis parti. Au bout de dix pas mes pieds butaient sur le trottoir et je manquais tomber[6]. La nuit —c'était la nuit dernière— lorsqu'enfin les enfants et les femmes se sont tus, dans les cours, pour me laisser dormir[7], j'ai commencé d'entendre rouler les fiacres dans la rue. Ils ne passaient que de loin en loin[8]. Mais quand l'un était passé, malgré moi, j'attendais l'autre : le grelot, les pas du cheval qui claquaient sur l'asphalte… et cela répétait[9] : c'est la ville déserte, ton amour perdu, la nuit interminable, l'été, la fièvre…

Seurel, mon ami, je suis dans une grande détresse.

AUGUSTIN

読解のヒント

1 **La douleur, que je n'avais presque pas sentie** 過去分詞 **sentie** は先行する直接目的補語 **la douleur** に性数一致している（→文法解説 II-1）。

2 **malgré tout** 「それでもなお、やはり」

3 **Çà et là** 「あちこちに」

4 **La jeune fille de qui je t'ai parlé** 「ぼくがきみに話した、あの少女」。ここでの関係代名詞は **de qui** よりも **dont** を用いるほうがより一般的。

5 **Mais j'ai appris que le frère avait fui le château de ses parents sans qu'on puisse jamais le retrouver** 時制の一致により、**que** 以下の従属節では複合過去が大過去 (**avait fui**) になっている。だが **sans que...** 以下の節では、語りの時点でもイヴォンヌの兄が見つかっていないということで、接続法現在 (**puisse**) のままになっている（→文法解説 I-7）。

6 **Au bout de dix pas...je manquais tomber.** ***au bout de...**「〜の後で」 ***manquer** ＋ 不定詞「〜しそうになる」(<**manquer de** ＋ 不定詞>のほうが一般的)

7 **pour me laisser dormir** 「ぼくを眠らせてくれようとして」。**laisser** は使役動詞（→文法解説 II-3）。

8 **de loin en loin** 「間をおいて、時折」

9 **...et cela répétait** 「そしてそれ（鈴の音、馬の足音）が、（以下のことばを）繰り返し告げているようだった」

●作者について●

アラン=フルニエ（1886 - 1914） 『グラン・モーヌ』(1913) は27歳で戦死した作家の、唯一の小説。作者自身、フランス中部の自然豊かな田園地帯で寄宿舎つき学校の教師をつとめる両親のもとに育ち、進学先のパリの街角で見かけたイヴォンヌという少女に長い間思いを寄せるなど、自伝的要素の濃い作品といわれる。ノスタルジックで夢幻的な文体によって青年期の純粋さ、危うさ、残酷さを描き、今でも青春小説の傑作として読み継がれている。

14 Honoré de Balzac : *Une Passion dans le désert*

| ど | ん | な | 作 | 品 | ? |

人間と野獣の恋 エジプト遠征中にマグレブ人に捕えられた若きフランス人兵士が脱走をはかり、仲間との再会を願って砂漠をさまよっている。見渡すかぎり人ひとりいない状況に絶望し、一時は自殺すら考えた彼の頭に浮かんだのは、砂漠の野獣から身を護らねば、という考えだった。そんな彼の目の前に、一匹の雌豹が現れる。兵士は孤独のあまり、危険を承知で雌豹に近づいてゆく。獰猛な野獣かと思いきや、雌豹は意外な反応を見せ、両者の距離は次第に縮まってゆくのだが…。バルザック作品の主題のひとつである動物と人間の交流を、幻想的に描き出した作品。

♪ 15

Vers la fin de la journée, il s'était familiarisé avec sa situation périlleuse, et il en aimait presque les angoisses. Enfin sa compagne[1] avait fini par prendre l'habitude de le regarder quand il criait en voix de fausset : « *Mignonne*[2]. » Au coucher du soleil, Mignonne fit entendre à plusieurs reprises un cri profond et mélancolique[3].

— Elle est bien élevée !... pensa le gai soldat ; elle dit ses prières !... Mais cette plaisanterie mentale ne lui vint en l'esprit que quand il eut remarqué[4] l'attitude pacifique dans laquelle restait sa camarade[5]. — Va, ma petite blonde, je te laisserai coucher[6] la première, lui dit-il en comptant bien sur l'activité de ses jambes pour s'évader au plus vite quand elle serait endormie[7], afin d'aller chercher un autre gîte pendant la nuit. Le soldat attendit avec impatience l'heure de sa fuite, et quand elle fut arrivée, il marcha vigoureusement dans la direction du Nil ; mais à peine eut-il fait un quart de lieue dans les sables qu'il entendit[8] la panthère bondissant derrière lui, et jetant par intervalles ce cri de scie, plus effrayant encore que le bruit lourd de ses bonds.

— Allons ! se dit-il, elle m'a pris en amitié !... Cette jeune panthère n'a peut-être encore rencontré personne, il est flatteur d'avoir son premier amour ! En ce moment le Français tomba dans un de ces sables mouvants[9] si redoutables pour les voyageurs, et d'où il est impossible de se sauver. En se sentant pris, il poussa un cri d'alarme, la panthère le saisit avec ses dents par le collet[10] ; et, sautant avec vigueur en arrière, elle le tira du gouffre, comme par magie. — Ah ! Mignonne, s'écria le soldat, en la caressant avec enthousiasme, c'est entre nous maintenant à la vie à la mort[11]. Mais pas de farces ? Et il revint sur ses pas[12]. [...]

Elle joua comme un jeune chien joue avec son maître, se laissant rouler, battre et flatter tour à tour[13] ; et parfois elle provoquait le soldat en avançant la patte sur lui, par un geste de solliciteur.

読解のヒント

1 **sa compagne = la panthère**（雌豹）

2 **Mignonne**　「可愛い娘」の意。呼びかけでも用いられる。

3 **fit entendre...**　「～を響かせた」。**faire** は使役動詞（→文法解説II-2）。　***à plusieurs reprises**「何度も」

4 **cette plaisanterie mentale ne lui vint en l'esprit que quand il eut remarqué...**「こうした想像のうえでの冗談が彼の頭に浮かんだのは、彼がやっと～に気づいたときだった」。従属節の中の動詞 **eut remarqué** は直説法前過去（→文法解説 I-6）。

5 **l'attitude pacifique dans laquelle restait sa camarade**　**dans laquelle** は前置詞つきの関係代名詞（→文法解説 II-5）。関係詞節の中で主語と動詞が倒置されている。

6 **je te laisserai coucher...**　<**laisser** + 直接目的補語 + 不定詞> の構文で、ここでは代名動詞 **se coucher** の **se**（再帰代名詞）が省略されている（→文法解説 II-3）。

7 **en comptant bien sur l'activité de ses jambes pour s'évader au plus vite quand elle serait endormie**「雌豹が眠ってしまったらいち早く逃げ出すために、自分の足の働きをあてにして」。**serait endormie** は条件法過去（過去の時点から見た未来完了）***compter sur...**「～をあてにする」

8 **à peine eut-il fait...qu'il entendit...**　***à peine...que～**「…するとすぐに～」。**à peine** が文頭に置かれるとしばしば主語と動詞の倒置が起こる。

9 **sables mouvants**　「流砂」

10 **la panthère le saisit avec ses dents par le collet**　***saisir** 人 **par le collet**「～の襟首をつかまえる」

11 **c'est entre nous maintenant à la vie à la mort**　「ぼくたちの仲はいつまでも変わらないだろう」。***à la vie (et) à la mort**「いつまでも、永久に」

12 **Et il revint sur ses pas**　***revenir sur ses pas**「(元来た道を) 引き返す」

13 **se laissant rouler, battre et flatter tour à tour**　「くりかえし転がされたり、たたかれたり、なでられたりして」。***se laisser** + 他動詞の不定詞「(自分が)～されるがままにしておく」。再帰代名詞 **se** は直接目的補語。***tour à tour**「くりかえして、次々と」

作者について

オノレ・ド・バルザック（1799 - 1850）　同一の人物を複数の作品に登場させる「人物再登場」の手法を生み出し、主要作品約90篇を « 人間喜劇 »としてまとめた。頭蓋骨の形状から性格を判断しようとする骨相学や生理学など、当時の新しい知見を取り入れ、内面と外面の双方から、王政復古期の人間と社会を鋭くあぶりだした。当時のブルジョワの生活や地方の美しい景観をつぶさに活写し、ゾラ、モーパッサンらの自然主義文学の礎を築いた。代表的な作品に『ゴリオ爺さん』(1835)、『谷間の百合』(1836) などがある。

15 Irène Némirovsky : *Le Bal*

| ど | ん | な | 作 | 品 | ? |

少女の復讐 14歳のアントワネットは富裕なユダヤ人実業家の娘である。成り上がりの一家を蔑むパリの社交界の人々を見返してやろうと、一家を挙げて舞踏会を計画し、準備にかかりきっている母親を、娘は冷ややかな目で見ていた。日頃から娘に抑圧的な母親は、招待状の宛名書きを手伝わせておきながら、娘が舞踏会に出るのを許そうとしない。ある夕暮れ、ピアノのレッスンを早めに切り上げて外に出たアントワネットは、住み込みの家庭教師ミス・ベティと恋人の密会の場面を目撃する。開き直った態度で自分を厄介払いしようとするミス・ベティに対し、アントワネットはある決定的な行動に出る。

♪ 16

— Tenez, chérie, voilà les invitations de votre maman que je n'ai pas encore mises à la poste[1] … Courez vite jusqu'à ce petit bureau de tabac[2], là, dans la petite rue à gauche … vous voyez la lumière ? Vous les jetterez à la boîte[3]. Nous vous attendons ici…

Elle [Miss Betty] fourra le paquet préparé dans la main d'Antoinette ; puis elle s'éloigna précipitamment. Au milieu du pont, Antoinette la vit s'arrêter de nouveau[4], attendre le garçon en baissant la tête. Ils s'appuyèrent contre le parapet.

Antoinette n'avait pas bougé. À cause de l'obscurité, elle ne voyait que deux ombres confuses et tout autour la Seine noire et pleine de reflets. Même quand ils s'embrassèrent, elle devina plutôt qu'elle ne vit le fléchissement[5], l'espèce de chute molle de deux visages l'un contre l'autre[6] ; mais elle tordit brusquement les mains comme une femme jalouse… Dans le mouvement qu'elle fit, une enveloppe s'échappa et tomba à terre. Elle eut peur et la ramassa à la hâte[7], et, au même instant, elle eut honte de cette peur : quoi ? toujours trembler comme une petite fille[8] ? Elle n'était pas digne d'être une femme. Et ces deux-là[9] qui s'embrassaient toujours ? Ils n'avaient pas dénoué les lèvres… Une espèce de vertige s'empara d'elle, un besoin sauvage de bravade et de mal[10]. Les dents serrées[11], elle saisit toutes les enveloppes, les froissa dans ses mains, les déchira et les lança toutes ensemble dans la Seine. Un long moment, le cœur dilaté, elle les regarda qui flottaient contre l'arche du pont[12]. Et puis, le vent finit par les emporter dans l'eau.

読解のヒント

1 **Tenez, chérie...** 話者は家庭教師のミス・ベティで、教え子のアントワネットに指示を出している。アントワネットの母親から招待状の投函を頼まれていたが、恋人と会っていたために、この時点でまだ済ませていなかった。

2 **bureau de tabac** 「たばこ屋」

3 **la boîte=la boîte à lettres** 「郵便ポスト」

4 **de nouveau** 「再び」

5 **Même quand ils s'embrassèrent, elle devina plutôt qu'elle ne vit le fléchissement** ふたり［ミス・ベティと恋人の男］がキスを交わしていたときも、彼女［アントワネット］は体を曲げたふたりの姿を、見たというよりは想像しただけだった。 ***plutôt que...**「～よりもむしろ」（**ne** は「虚辞の **ne**」と呼ばれ、言外に否定的なニュアンスを添える語）

6 **l'espèce de chute molle de deux visages l'un contre l'autre** 「ふたりがけだるそうにうつむいて顔を寄せ合っている姿のようなものを」 ***(une) espèce de...**「一種の～、～のようなもの」 ***l'un contre l'autre**「お互いに」

7 **à la hâte** 「大急ぎで」

8 **quoi ? toujours trembler comme une petite fille ?** 「何なの？いつまでも小娘のように震えているというの？」。ここから **« Ils n'avaient pas dénoué les lèvres... »** (L14) の文までは自由間接話法（→文法解説 I-10）。

9 **ces deux-là** ミス・ベティと恋人の男を指す。

10 **un besoin sauvage de bravade et de mal** この部分は文の主語 **« Une espèce de vertige »** と同格に置かれ、補足説明となっている。

11 **Les dents serrées** 「歯をくいしばって」。<名詞 + 過去分詞（名詞に性数一致）> の組み合わせで文の主語の状態を表す。次の文の **« le cœur dilaté »** も同様。

12 **l'arche du pont** 「橋のアーチ」（橋を支える弓形の橋桁（はしげた））

●作者について●

イレーヌ・ネミロフスキー（1903 - 1942）　ロシア出身の小説家。フランスに移住後、フランス語で創作を始め、ロシア革命から第二次世界大戦に至る動乱の時代を生きる人々の織りなすドラマを、フロベールを思わせる怜悧（れいり）な文体で描いた。夫とともにアウシュヴィッツ収容所に送られ、そこで病死した。娘が大切に保管していた未完の長編小説の原稿が死後に『フランス組曲』として発表され (2004)、大きな感動を呼んだ。『舞踏会』には、自身が抱えていた母親との葛藤が反映されている。

16 George Sand : « Ce que disent les fleurs »

| どんな作品？ |

花たちの秘密 花たちが話なんてするわけがないと大人は言うけれど、気配をさとられずに耳をすませば、不思議なことばが聞こえてくる。ところが花壇の花たちの会話といえば、自慢話や諍いばかり。野生の植物の方が賢いかしらと野バラのところへ行ってみると、そこではちょうど野バラとそよ風が、バラの起源について話をしているところで…。以下の抜粋は、物語の冒頭から、少女が花壇の花たちの会話を耳にする場面まで。

♪ 17

Quand j'étais enfant, ma chère Aurore, j'étais très tourmentée de ne pouvoir saisir ce que les fleurs se disaient entre elles. Mon professeur de botanique m'assurait qu'elles ne disaient rien ; soit qu'il fût sourd, soit qu'il ne voulût pas me dire la vérité[1], il jurait qu'elles ne disaient rien du tout[2].

Je savais bien le contraire. Je les entendais babiller confusément, surtout à la rosée du soir ; mais elles parlaient trop bas pour que je pusse distinguer[3] leurs paroles ; et puis elles étaient méfiantes, et, quand je passais près des plates-bandes du jardin ou sur le sentier du pré, elles s'avertissaient par une espèce de *psitt*[4], qui courait de l'une à l'autre. C'était comme si l'on eût dit sur toute la ligne[5] : « Attention, taisons-nous ! voilà l'enfant curieux qui nous écoute. »

Je m'y obstinai[6]. Je m'exerçai à marcher si doucement, sans frôler le plus petit brin d'herbe, qu'elles ne m'entendirent plus et que je pus m'avancer tout près, tout près[7] ; alors, en me baissant sous l'ombre des arbres pour qu'elles ne vissent pas la mienne, je saisis enfin des paroles articulées.

Il fallait beaucoup d'attention ; c'était de si petites voix, si douces, si fines, que la moindre brise les emportait et que le bourdonnement des sphinx et des noctuelles les couvrait absolument.

Je ne sais pas quelle langue elles parlaient. Ce n'était ni le français, ni le latin qu'on m'apprenait alors ; mais il se trouva que[8] je comprenais fort bien. Il me sembla même que je comprenais mieux ce langage que tout ce que j'avais entendu jusqu'alors.

Un soir, je réussis à me coucher sur le sable et à ne plus rien perdre de ce qui se disait auprès de moi[9] dans un coin bien abrité du parterre. Comme tout le monde parlait dans tout le jardin, il ne fallait pas s'amuser à vouloir surprendre plus d'un secret en une fois[10]. Je me tins donc là bien tranquille, et voici ce que j'entendis dans les coquelicots :

— Mesdames et messieurs, il est temps d'en finir avec[11] cette platitude. Toutes les plantes sont également nobles ; notre famille ne le cède à aucune autre[12], et, accepte qui voudra la royauté de la rose[13], je déclare que j'en ai assez[14] et que je ne reconnais à personne le droit de se dire[15] mieux né et plus titré que moi.

À quoi les marguerites répondirent toutes ensemble que l'orateur coquelicot avait raison.

読解のヒント

1 **soit qu'il fût sourd, soit qu'il ne voulût pas me dire la vérité** ***soit que** ＋ 接続法, **soit que** ＋ 接続法「〜か、もしくは〜か」。**fût** は **être** の、**voulût** は **vouloir** の接続法半過去（→文法解説 I-7）。

2 **il jurait qu'elles ne disaient rien du tout** ***jurer que ...**「〜と断言する」

3 **elles parlaient trop bas pour que je pusse distinguer...** ***trop~ pour que** ＋ 接続法「…するにはあまりにも〜だ」 **pusse** は接続法半過去（→文法解説I-7）。***bas** 副 小さな声で

4 **par une espèce de *psitt*** **psitt** は「しーっ」と静寂を求める合図。

5 **C'était comme si l'on eût dit sur toute la ligne** 「まるで周知徹底したかのように」。**eût dit** は接続法大過去で、直説法大過去 (**avait dit**)の代わりをしている。（→文法解説 I-8）。***sur toute la ligne**「完全に、徹頭徹尾」

6 **Je m'y obstinai.** ***s'obstiner à** ＋ 不定詞「あくまでも〜しようとする」。中性代名詞 **y** は **« à écouter »** に代わる。

7 **Je m'exerçai à marcher si doucement...qu'elles ne m'entendirent plus et que je pus m'avancer tout près...** 「私はとてもゆっくり歩く特訓をしたので […] 花たちには私の（足音が）もう聞こえなくなって、私はすぐ近くに進むことができた」。***si ... que~**「あまりにも…なので〜だ」

8 **il se trouva que...** ***il se trouve que...**「〜であることがわかる」（非人称構文）

9 **je réussis...à ne plus rien perdre de ce qui se disait auprès de moi...** 「自分のまわりで話されていたことをひとことも聞き漏らさない（ことに成功した）」

10 **... à vouloir surprendre plus d'un secret en une fois** 「一度にいくつもの秘密を聞き取ろうとして」 ***plus de...**「〜以上の」 ***en une fois**「一度に」

11 **il est temps d'en finir avec ...** ***en finir avec...**「〜にけりをつける」

12 **notre famille ne le cède à aucune autre** 「我々の家系はほかのどれにも劣らない」 ***ne pas le céder à...**「〜に劣らない」（定型表現であり、**le** は具体的なものを指しているわけではない）

13 **accepte qui voudra la royauté de la rose** 接続法現在 (**accepte**) を用いた祈願文（接続詞 **que** に導かれないパターン）。「そうしたい者はバラの王位を受け入れるがよい」

14 **j'en ai assez** ***en avoir assez**「うんざりする」

15 **je ne reconnais à personne le droit de se dire...** 「私は誰にも（自分が）〜だと言う権利を認めない」

●作者について●

ジョルジュ・サンド（1804 - 1876） 本名オーロール・デュパン。ポーランド国王の血を引く軍人の父と、小鳥屋の娘の母の間にパリで生まれ、中部フランスの小さな村ノアンに育つ。数多くの小説や戯曲を残したが、とりわけ『魔の沼』(1846)、『フランソワ・ル・シャンピ』(1848) などの田園小説で知られる。ショパンやミュッセなどと浮き名を流した恋多き女は、晩年は息子一家とノアンにて静かに暮らした。この短篇を含む『おばあさまの物語』(1873-1876) は、最晩年のサンドが、ふたりの孫娘オーロールとガブリエルに読み聞かせるために書いたもの。

17 Charles Baudelaire :
« Les fenêtres » et « La soupe et les nuages »

|ど|ん|な|作|品|?|

日常というドラマ 散文詩集『パリの憂愁』所収の二篇。「窓」では、ガラス越しに見える住人の暮らしに思いめぐらせる「私」の愉悦が展開されている。二篇目の「スープと雲」では、料理そっちのけで窓の外の雲に心奪われている「私」と、それをたしなめる女のセリフが鮮やかな対照をなしている。

♪ 18

Les fenêtres

Celui qui regarde[1] au-dehors à travers une fenêtre ouverte ne voit jamais autant de choses que[2] celui qui regarde une fenêtre fermée. Il n'est pas d'objet plus profond[3], plus mystérieux, plus fécond, plus ténébreux, plus éblouissant qu'une fenêtre éclairée d'une chandelle. Ce qu'on peut voir au soleil est toujours moins intéressant que ce qui se passe derrière une vitre.

Dans ce trou noir ou lumineux vit la vie, rêve la vie, souffre la vie.

Par-delà des vagues de toits[4], j'aperçois une femme mûre, ridée déjà, pauvre, toujours penchée sur quelque chose, et qui ne sort jamais. Avec son visage, avec son vêtement, avec son geste, avec très peu de données, j'ai refait l'histoire de cette femme, ou plutôt sa légende, et quelquefois je me la raconte à moi-même en pleurant.

Si c'eût été un pauvre vieux homme, j'aurais refait la sienne[5] tout aussi aisément.

Et je me couche, fier d'avoir vécu et souffert dans d'autres que moi-même[6].

Peut-être me direz-vous : « Es-tu sûr que cette légende soit la vraie ? » Qu'importe ce que peut être la réalité[7] placée hors de moi, si elle m'a aidé à vivre, à sentir que je suis et *ce que* je suis[8] ?

La soupe et les nuages

Ma petite folle bien aimée me donnait à dîner, et par la fenêtre ouverte de la salle à manger je contemplais les mouvantes architectures que Dieu fait avec les vapeurs, les merveilleuses constructions de l'impalpable ; — et je me disais, à travers ma contemplation : « — Toutes ces fantasmagories sont presque aussi belles que les vastes yeux de ma bien aimée, la petite folle monstrueuse aux yeux verts. »

Et tout à coup je reçus un violent coup de poing dans le dos, et j'entendis une voix rauque et charmante, une voix hystérique et comme enrouée par l'eau-de-vie[9], la voix de ma chère petite bien aimée, qui disait : « Allez-vous bientôt[10] manger votre soupe, sacré bougre de marchand de nuages[11] ! »

読解のヒント

1 **Celui qui regarde...** <**celui** (複数形は **ceux**) ＋ 関係代名詞…> は「～である人 (人々)」を表す。

2 **...ne voit jamais autant de choses que...** ***autant de** ＋ 名詞 ＋ **que...**「…と同じくらいの～ (を)」

3 **Il n'est pas d'objet plus profond...** <**Il est** ＋ 名詞> は <**Il y a...**> と同じ意味。

4 **Par-delà des vagues de toits** ***par-delà...**「～の向こうに」

5 **Si c'eût été un pauvre vieux homme, j'aurais refait la sienne...** 「もしそれが哀れな老いた男であったとしても、私は…彼の伝説を作り直しただろう」。**Si** で導かれる条件節の中で、直説法大過去のかわりに接続法大過去が用いられている例 (→文法解説 I-8)。 ***la sienne = sa légende**

6 **...dans d'autres que moi-même** ***autre(s) que...**「…以外の人 (物)」

7 **Qu'importe ce que peut être la réalité... ?** ***qu'importe** ＋ 名詞 (句)「～はどうでもよい、問題にならない」文の主語は **ce que peut être la réalité** で、主語と動詞が倒置されている。**ce que** については (→文法解説 II-4)。

8 **si elle m'a aidé à vivre, à sentir que je suis et *ce que* je suis ?** 「もしその現実が、私が生きること、そして私が存在し、私が何者であるかを感じる手助けをしてくれたのなら」

9 **une voix...comme enrouée par l'eau-de-vie** ***comme** ＋ 形容詞「いわば～のような」。「声」にかかる。

10 **bientôt** 「さっさと」

11 **sacré bougre de marchand de nuages !** 「いまいましい雲売りめ！」 ***sacré** 形 (名詞の前で)「いまいましい、憎たらしい」、(皮肉で)「結構な」 ***bougre de** ＋ 名詞「～の奴」

作者について

シャルル・ボードレール (1821 - 1867)　1857年に詩集『悪の華』を刊行。読者の想像力をかき立てる暗示に富んだ彼の詩は、世紀末に隆盛を極めた象徴主義の先駆とされた。新しい詩の形式を追求し、散文詩というジャンルを開拓した。『パリの憂愁』は首都を愛する生粋のパリジャンによる、魂の途切れることのない動きを抒情性豊かに描き出した詩集である。

18 Francis Ponge : « De l'eau »

｜ど｜ん｜な｜作｜品｜？｜

物へのまなざし この詩が収められた散文詩集『物の味方』は、ふたつの点で画期的な作品である。ひとつは、パン、籠、肉の塊、苔など、これまではほとんど詩に登場しなかったものを主題に据えたこと。そして、人間の感情を排除し徹底的に対象に寄り添う描写によって、ありふれた「もの」たちの語られざる特質を浮き彫りにしたことだ。私たちにとって最も身近な物質である「水」は、ポンジュの詩を通すとどのように見えてくるだろうか。

♪ 19 Plus bas que moi, toujours plus bas que moi se trouve l'eau[1]. C'est toujours les yeux baissés que je la regarde[2]. Comme le sol, comme une partie du sol, comme une modification du sol.

Elle est blanche et brillante, informe et fraîche, passive et obstinée dans son seul vice : la pesanteur ; disposant de moyens exceptionnels pour satisfaire ce vice : contournant, transperçant, érodant, filtrant.

À l'intérieur d'elle-même ce vice aussi joue[3] : elle s'effondre sans cesse, renonce à chaque instant à toute forme, ne tend qu'à s'humilier, se couche à plat ventre[4] sur le sol, quasi cadavre, comme les moines de certains ordres. Toujours plus bas : telle semble être sa devise : le contraire d'excelsior[5].

On pourrait presque dire que l'eau est folle, à cause de cet hystérique besoin de n'obéir qu'à sa pesanteur, qui la possède comme une idée fixe[6].

Certes, tout au monde[7] connaît ce besoin, qui toujours et en tous lieux doit être satisfait. Cette armoire, par exemple, se montre fort têtue[8] dans son désir d'adhérer au sol, et si elle se trouve un jour en équilibre instable[9], elle préférera s'abîmer plutôt que d'y contrevenir[10]. Mais enfin, dans une certaine mesure, elle joue avec la pesanteur, elle la défie : elle ne s'effondre pas dans toutes ses parties, sa corniche, ses moulures ne s'y conforment[11] pas. Il existe en elle une résistance au profit de sa personnalité et de sa forme[12].

LIQUIDE est par définition ce qui préfère obéir à la pesanteur, plutôt que maintenir sa forme, ce qui refuse toute forme pour obéir à sa pesanteur. Et qui perd toute tenue[13] à cause de cette idée fixe, de ce scrupule maladif. De ce vice[14], qui le rend rapide, précipité ou stagnant ; amorphe ou féroce, amorphe *et* féroce, féroce térébrant, par exemple ; rusé, filtrant, contournant ;

si bien que l'on peut faire de lui ce que l'on veut[15], et conduire l'eau dans des tuyaux pour la faire ensuite jaillir verticalement afin de jouir enfin de sa façon de s'abîmer en pluie : une véritable esclave. […]

読解のヒント

1 **Plus bas que moi, ... se trouve l'eau**　ここでは位置を表す副詞句 **plus bas que moi** が強調されて文頭に置かれ、主語 **l'eau** と動詞が倒置されている。***se trouver** 動 〜にいる

2 **C'est toujours les yeux baissés que je la regarde.**　強調構文 (**C'est…que…**)。　***les yeux baissés**「下を見て、目線を下げて」

3 **ce vice aussi joue.**　**« ce vice »**（この悪徳）は「重力」「重さ」を指す。　***jouer** 動 働く、作用する

4 **à plat ventre**　「うつぶせに」

5 **excelsior**　「もっと高く」(ラテン語)

6 **à cause de cet hystérique besoin de n'obéir qu'à sa pesanteur, qui la possède comme une idée fixe.**　関係代名詞の先行詞は **« sa pesanteur »**、人称代名詞 **la** は「水」を指す。　***idée fixe**「固定観念」

7 **tout au monde**　「どんなものでも」

8 **...se montre fort têtue.**　***se montrer...** 動 〜な態度を見せる

9 **si elle se trouve un jour en équilibre instable**　***se trouver...** 動 〜の状態になる

10 **...plutôt que d'y contrevenir**　***contrevenir à...**　「〜に抗う」。中性代名詞 **y** は <**à** + 名詞>（ここでは **la pesanteur**）に代わる。

11 **...ne s'y conforment pas.**　***se conformer à...**　「〜に順応する」。**y** はここでも **à la pesanteur** に代わる。

12 **Il existe en elle une résistance au profit de sa personnalité et de sa forme.**　「たんす (**elle**) の内には、その個性や形のために働く、ひとつの抵抗がそなわっている」。***Il existe...**「〜が存在する」(非人称構文)　***au profit de...**「〜に役立つような」

13 **Et qui perd toute tenue**　関係代名詞 **qui** は、18 行目、19 行目の **ce qui...** に続いている（文頭の主語 **LIQUIDE** の属詞)。　***tenue** 名・女 行儀、慎み

14 **De ce vice**　前文の **à cause de...**（〜のせいで）に続いている。

15 **si bien que l'on peut faire de lui ce que l'on veut**　「それゆえ、人は液体 (**lui**) を好きなようにできる」　***si bien que...**「それゆえ...」　***faire A de B**「BをAにする」

●作者について●

フランシス・ポンジュ（1899 - 1988）　モンペリエ生まれの詩人。高等師範学校の試験に失敗し、学業を断念する。1942年の『物の味方』で注目され、戦後の新しい文学の先駆的存在として、カミュやサルトルなどの実存主義や、アラン・ロブ=グリエをはじめとするヌーヴォー・ロマンの作家たちに影響を与えた。代表作はほかに『表現の欲求』(1952)、画家ウジェーヌ・ド・ケルマデックとの共作である詩画集『水のコップ』(1949) など。

19 Georges Perec : *La Disparition*

| ど | ん | な | 作 | 品 | ? |

ある消失のミステリー アントン・ヴォワルは夜ごと不眠に悶え苦しんでいた。なにかが足りず、それがなんなのか、答えは明らかに目の前にあるはずなのに、なぜだかどうしてもわからない。膨大なノートを遺して失踪したアントンから不可思議なメッセージを受け取った友人たちは、彼の行方を突き止めるべく、その探求を引き継ぐ。しかし、彼らは謎の答えに気づいた途端、一人また一人と命を落としていく……

♪ 20

Anton Voyl n'arrivait pas à[1] dormir. Il alluma. Son Jaz[2] marquait minuit vingt. Il poussa un profond soupir, s'assit dans son lit, s'appuyant sur son polochon. Il prit un roman, il l'ouvrit, il lut : mais il n'y saisissait qu'un imbroglio[3] confus, il butait à tout instant sur[4] un mot dont il ignorait la signification.

Il abandonna son roman sur son lit. Il alla à son lavabo : il mouilla un gant[5] qu'il passa sur son front, sur son cou.

Son pouls battait trop fort. Il avait chaud. Il ouvrit son vasistas[6], scruta la nuit. Il faisait doux. Un bruit indistinct montait du faubourg. Un carillon, plus lourd qu'un glas, plus sourd qu'un tocsin, plus profond qu'un bourdon, non loin, sonna trois coups. Du canal Saint-Martin[7], un clapotis plaintif signalait un chaland[8] qui passait.

Sur l'abattant[9] du vasistas, un animal au thorax indigo, à l'aiguillon safran, ni un cafard, ni un charançon, mais plutôt un artison, s'avançait, traînant un brin d'alfa[10]. Il s'approcha, voulant l'aplatir d'un coup vif, mais l'animal prit son vol, disparaissant dans la nuit avant qu'il ait pu l'assaillir[11].

Il tapota d'un doigt un air martial sur l'oblong châssis du vasistas[12].

Il ouvrit son frigo mural, il prit du lait froid, il but un grand bol. Il s'apaisait. Il s'assit sur son cosy, il prit un journal qu'il parcourut d'un air distrait. Il alluma un cigarillo[13] qu'il fuma jusqu'au bout quoiqu'il trouvât son parfum irritant[14]. Il toussa.

Il mit la radio : un air afro-cubain fut suivi d'un boston, puis un tango, puis un fox-trot, puis un cotillon mis au goût du jour[15]. Dutronc chanta du Lanzmann, Barbara un madrigal d'Aragon, Stich-Randall un air d'*Aïda*[16].

読解のヒント

1 **n'arrivait pas à...**　「どうしても～できなかった」***arriver à** ＋不定詞「なんとか～できる」

2 **son Jaz**　「彼のジャズ社製の時計」。ジャズ社はパリの時計メーカー。

3 **imbroglio** [名・男] もつれ、混乱（イタリア語）

4 **il butait à tout instant sur...**　***buter sur...**「（困難）に出会う、ぶつかる」

5 **gant** [名・男] 浴用・洗顔用の手袋（= **gant de toilette**）

6 **vasistas** [名・男]（窓や戸の上部につけられた）開閉式小窓

7 **Le Canal Saint-Martin**　サン・マルタン運河（パリ11区から19区まで続く全長約 4.5km の運河）

8 **chaland** [名・男] 艀（はしけ）（大型船と陸との間を往復して貨物や乗客を運ぶ小船）

9 **abattant** [名・男]（窓の）揚戸

10 **traînant un brin d'alfa**　「エスパルト（イネ科の植物）の細い茎を運びながら」。動作主は **« un animal »**（虫）。

11 **avant qu'il ait pu l'assaillir**　「彼がそれをつかまえてしまう前に」***avant que** ＋ 接続法「～してしまう前に」。**ait pu** は接続法大過去。（→文法解説 I-8）

12 **Il tapota d'un doigt un air martial sur l'oblong châssis du vasistas.**　「彼は小窓の細長い窓枠の上で、指で勇ましい曲をたたいた。」***d'un doigt**「指で」　***air** [名・男] 歌、旋律

13 **cigarillo** [名・男] 細巻きの小型葉巻（スペイン語）

14 **quoiqu'il trouvât son parfum irritant**　「葉巻の香りを癪に障ると思いながらも」 ***quoique** ＋ 接続法「～とはいえ」。**trouvât**（～を…と思う）は接続法半過去（→文法解説 I-7）。

15 **un cotillon mis au goût du jour**　「現代風にアレンジしたコティヨン・ダンス（18世紀に流行したダンス）」***au goût du jour**「当世風の」

16 **Dutronc chanta du Lanzmann, Barbara un madrigal d'Aragon, Stich-Randall un air d'*Aïda*.**
人名 **Lanzmann** に部分冠詞 **du** をつけて、「ランズマンの作品（の一部）」を表す。 ***madrigal** [名・男] マドリガル（女性に捧げる自由な詩型の小詩）。 ***air** [名・男] アリア（オペラの独唱曲）。それぞれ、主語と直接目的補語の間に動詞 **chanta** が省略されている。
フランスの歌手ジャック・デュトロン **Jacques Dutronc** (1943-)と、作家・作詞家のジャック・ランズマン **Jacques Lanzmann** (1927-2006) の長年の友情・協力関係から、多くの曲が生まれた。フランスの歌手バルバラ **Barbara** (1930-1997) は作詞・作曲を自分で手がけるいっぽう、ルイ・アラゴン **Louis Aragon** (1897-1982) をはじめとする詩人の作品を多く歌った。テレサ・シュティヒ=ランダル **Teresa Stich-Randall** (1927-2007) はアメリカのソプラノ歌手。＜アイーダ＞（***Aïda***）はヴェルディのオペラ（1871年初演）。

●作者について●

ジョルジュ・ペレック（1936 - 1982）　小説家。ユダヤ系であり、戦争とホロコーストによって両親を幼時に失う。1965年、第一作『物の時代』がルノドー賞を受賞、一躍注目される。翌年、レーモン・クノーを中心とする文学集団「ウリポ」（潜在文学工房）に参加、以後、言語遊戯的作品を次々と生み出す。なかでも本作『消滅』（1969、邦訳『煙滅』）は「リポグラム」（ある特定の文字を使わずに文章を書く技法）を用いた代表的な小説として知られる。ほかに、自伝的作品『Wあるいは子供の頃の思い出』(1975)、『人生使用法』(1978) などがある。

20 Michel Butor : « Georges de La Tour : Le Tricheur à l'as de carreau »

|どんな作品？|

まなざしのゲーム ジョルジュ・ド・ラ・トゥールの代表作「ダイヤのエースを持ついかさま師」（ルーヴル美術館所蔵）には、カードに興じる身なりのよい青年を、いかさま師と遊女とその女中が三人がかりで罠にはめようとしている様子が描かれている。ビュトールの解説に導かれながら、それぞれの目線や手つきにはどんな思惑が現れているのかを読み解いていくと…。

♪ 21 Il existe deux répliques[1] de ce tableau, avec des détails différents : ici, la carte que le tricheur va substituer et celles qu'il a dans la main sont du carreau, dans l'autre du trèfle[2]. Du noir, on passe au rouge[3]. […]

L'angle de vue permet de dévoiler au spectateur[4] ce qui habituellement doit rester caché[5], ainsi que la façon dont on le cache[6]. Nous voyons le tricheur extraire de sa ceinture la carte maîtresse[7]. Son visage se tourne vers nous et semble solliciter notre complicité en nous disant : « Regardez ce que je suis en train de faire ! » […]

Le tricheur a deux acolytes, la dame au centre, certainement une courtisane de haut vol[8], et sa servante. Le jeu des regards nous fait comprendre que ce sont trois complices. Le jeune homme à droite, sans doute noble, somptueusement vêtu, est le dindon de la farce[9]. Absorbé dans son jeu, il ne remarque ni les regards en coulisse, ni la substitution des cartes. Les pièces d'or sur la table nous signalent que l'on joue gros jeu[10]. Il émane de l'ensemble un silence pesant[11], une atmosphère feutrée.

L'arrivée de la servante, qui vient apporter un verre de vin au jeune homme, trouble l'attention de ce dernier[12] au moment décisif. Comme elle tient le verre par le pied[13], elle ne peut pas le poser ; celui à qui elle l'offre[14] est donc obligé de le prendre et vraisemblablement de le boire aussitôt, ce qui va permettre au tricheur de poser l'as de carreau fatal.

Méfiez-vous du vin, des femmes et du jeu, sachez leurs dangers, mais soyez capable de les apprécier.

読解のヒント

1 **deux répliques** 「二枚のそっくりなヴァージョン」。「ダイヤのエースを持ついかさま師」と「クラブのエースを持ついかさま師」の二作品を指す。 ***réplique** 名・女 そっくり似た物

2 **dans l'autre du trèfle =dans l'autre tableau celles [= les cartes] qu'il a dans la main sont du trèfle**

3 **Du noir, on passe au rouge.** 「黒から赤へと移行する」 ***de A à B**「AからBへ」

4 **L'angle de vue permet de dévoiler au spectateur...** ***permettre à** 人 **de** ＋ 不定詞「(物事が)(人)に～することを可能にする」。17 行目も同様の構文。

5 **ce qui habituellement doit rester caché** 副詞が助動詞 ＋ 不定詞を修飾する場合、このように前置されることがある。 ***habituellement** 副 ふつうは

6 **..., ainsi que la façon dont on le cache.** 「それを隠す方法も」。中性代名詞 **le** は前行の **« ce qui habituellement doit rester caché »** を指す。***ainsi que...**「～もまた」

7 **Nous voyons le tricheur extraire... la carte maîtresse.** ***voir A** ＋ 不定詞「Aが～するのを見る」(→文法解説II-3) ***la carte maîtresse**「切り札」

8 **une coutisane de haut vol** 「悪名高い高級娼婦」

9 **le dindon de la farce** 「この笑劇のカモ」。***dindon** 名・男 だまされやすい愚かな男

10 **l'on joue gros jeu** ***jouer gros jeu**「大金を賭ける」

11 **Il émane de l'ensemble un silence pesant** 「(**de** 以下) からは～が放たれている」。**il** は非人称主語。意味上の主語は **un silence pesant**。

12 **ce dernier** 「この人、後者」は直前の名詞を受ける表現。ここではカモにされている若者を指す。

13 **Comme elle tient le verre par le pied** 「彼女［女中］はグラスの脚を持っているので」

14 **celui à qui elle l'offre** **à qui** は前置詞つきの関係代名詞 (→文法解説II-5) 「彼女 (女中) がそれ (ワイングラス) をわたす人 (＝若者)」

2 枚の絵に関する、より詳しい解説はこちら

https://text.asahipress.com/free/french/couleurdemots/sankou/index.html

作者について

ミシェル・ビュトール (1926 - 2016) ヌーヴォー・ロマンの旗手のひとりで、『時間割』(1956) や『心変わり』(1957) などで知られる。全5巻の評論集『レペルトワール』(1960/64/68/74/82) では、文学論に次いで絵画論が多い。ここでとりあげたジョルジュ・ド・ラ・トゥール論が収められた『ミシェル・ビュトールの空想美術館』(2015) では、14世紀から20世紀にかけて描かれた105点もの絵画が扱われており、2016年に没するまで60年以上にわたって旺盛な執筆活動を続けたビュトールにふさわしい大作となっている。

文法解説

I. 動詞の時制の話法に関するもの

1. 代名動詞の命令法

代名動詞の命令法は、補語人称代名詞（直接／間接目的補語）を伴った命令法と同様である。

1) 肯定命令：**＜動詞の命令法 － 再帰代名詞＞**。ただし再帰代名詞の te は強勢形の toi に変わる。

Rappelle-**toi** notre première rencontre.　(←Tu **te** rappelles notre première rencontre.)
ぼくたちが最初に会った時のことを思い出して。

Amusons-nous ce soir.　今夜は楽しもう。
Couchez-vous plus tôt.　もっと早く寝なさい。

2) 否定命令：**＜Ne ＋ 再帰代名詞 ＋ 動詞の命令法 ＋ pas＞**
Ne t'inquiète pas.　(←Tu t'inquiètes.)　心配しないで。

2. 代名動詞の複合過去：＜再帰代名詞 ＋ 助動詞 être の現在形 ＋ 過去分詞＞

代名動詞の複合過去は助動詞に être をとる。再帰代名詞が直接目的補語のとき、過去分詞は主語の性数に一致する。

se promener の複合過去

je	**me suis promené(e)**	nous	**nous sommes promené(e)s**
tu	**t'es promené(e)**	vous	**vous êtes promené(e)(s)**
il	**s'est promené**	ils	**se sont promenés**
elle	**s'est promenée**	elles	**se sont promenées**

Ce matin, nous nous sommes promenés dans le bois.　今朝、私たちは森の中を散歩した。

＊代名動詞を用いた複合形も同様の形をとる。

大過去：　**＜再帰代名詞 ＋ 助動詞 être の半過去 ＋ 過去分詞＞**
前未来：　**＜再帰代名詞 ＋ 助動詞 être の単純未来 ＋ 過去分詞＞**
条件法過去：**＜再帰代名詞 ＋ 助動詞 être の条件法現在 ＋ 過去分詞＞**
接続法過去：**＜再帰代名詞 ＋ 助動詞 être の接続法現在 ＋ 過去分詞＞**
など。

3. 条件法現在の「過去未来」の用法

時制としての条件法現在は、過去の時点から見た未来を表す。たとえば次のような複文（＜主語＋動詞＞の組み合わせが２つある文）で、接続詞 que に導かれる従属節の中の条件法現在は、主節の主語 (je) が過去の時点で「(未来に) 〜するだろうと考えていた（知っていた、思っていた...)」ことを示す。間接話法における時制の一致（→I-9）や自由間接話法　（→I-10）の中でしばしば現れる。

Je croyais qu'il **réussirait** cet examen.　　私は、彼がその試験に合格すると思っていた。
↑ Il réussira cet examen.

Je ne savais pas qu'elle **viendrait**.　　私は、彼女が来ることを知らなかった。
↑ Elle viendra.

4. 条件法過去の用法：＜助動詞（avoir または être）の条件法現在＋過去分詞＞

1) もっとも基本的な用法として、si で始まる条件節とともに、過去の事実に反する仮定や架空の想定から導かれる帰結を表す（「もし〜であれば、…だったのに」)。

Si j'*avais été* plus riche, j'aurais pu acheter une maison.　もし少しお金があれば家を買えたのに。
↑ **＜Si＋主語＋大過去、主語＋条件法過去＞**

2) pouvoir, devoir, vouloir などを条件法過去の形で用いると、過去に実現しなかった事態についての後悔や遺憾の意を表す。

J'aurais dû lui dire la vérité.　　彼に本当のことを言うべきだったなあ。
Tu aurais pu m'appeler avant ton départ.　　出発前に私に電話をくれればよかったのに。

3) 語調緩和の条件法過去には必ずしも過去の意味はなく、条件法現在とほぼ同様に使われることがある。

J'aurais voulu savoir si vous pouviez me donner votre avis sur ce point.
この点についてご意見を伺えないでしょうか。

5. 直説法単純過去

単純過去は語り手の現在とは完全に切り離された過去の出来事や状態を表し、小説などの書き言葉で用いられる。

Napoléon mourut en 1821.　　ナポレオンは 1821 年に死んだ。
Il entra, enleva son manteau et alla ouvrir les fenêtres.
彼は入ってきて、コートを脱ぎ、窓を開けに行った。

単純過去活用語尾には大きく分けて４つの型がある。使用頻度が高いのは１人称単数、３人称単数・複数の形。

	I 型	**II 型**	**III 型**	**IV 型**
je	**-ai**	-is	-ins	-us
tu	**-as**	-is	-ins	-us
il / elle	**-a**	-it	-int	-ut
nous	**-âmes**	-îmes	-înmes	-ûmes
vous	**-âtes**	-îtes	-întes	-ûtes
ils / elles	**-èrent**	-irent	-inrent	-urent

それぞれの型に属する主な動詞は次のとおり。

I 型： -er で終わる動詞（第１群規則動詞および aller）

II 型： -ir (第２群規則動詞および sortir, partir, ouvrir, dormir...)、 -re で終わる動詞の大部分 (faire, prendre, mettre, dire, entendre...)、-oir で終わる動詞の一部 (voir, s'asseoir...)

III 型： venir, tenir とその型に属する動詞 (revenir, devenir, obtenir, soutenir...)

IV 型： être, avoir, -oir で終わる動詞の大部分 (recevoir, savoir, pouvoir, devoir, vouloir...)、-ir (courir, mourir...)、-re で終わる動詞の一部 (boire, connaître, croire, lire, vivre...)

aimer (**I 型**)	faire (**II 型**)	venir (**III 型**)	avoir (**IV 型**)	être (**IV 型**)
j' aim**ai**	je **fis**	je v**ins**	j' **eus**	je f**us**
il/elle aim**a**	il/elle **fit**	il/elle v**int**	il/elle **eut**	il/elle f**ut**
ils/elles aim**èrent**	ils/elles **firent**	ils/elles v**inrent**	ils/elles **eurent**	ils/elles f**urent**

6. 直説法前過去 ：＜助動詞（avoir または être）の単純過去 ＋ 過去分詞＞

前過去は単純過去と同様に文章語で用いられ、過去の一時点で完了している行為や出来事を表す。

finir

j'	**eus fini**	nous	**eûmes fini**
tu	**eus fini**	vous	**eûtes fini**
il / elle	**eut fini**	ils / elles	**eurent fini**

venir

je	**fus venu(e)**	nous	**fûmes venu(e)s**
tu	**fus venu(e)**	vous	**fûtes venu(e)(s)**
il	**fut venu**	ils	**furent venus**
elle	**fut venue**	elles	**furent venues**

前過去は quand、dès que（〜するやいなや）、aussitôt que（〜するとすぐに）、après que（〜したあとに）などの接続詞、接続句をともなって用いられる事が多い。

*Dès qu'*il eut pris son petit-déjeuner, Thomas partit pour le bureau.

朝食を食べるとすぐ、トマは職場に向かった。

7. 接続法半過去

接続法半過去は書き言葉で用いられ、おもに主節の動詞が過去形の場合に、接続法現在の時制の一致（→I-9）のために用いられる。

Il *était* content que vous lui écrivissiez souvent.

彼はあなたがしょっちゅう便りをくれるのがうれしかった。［主節が半過去→接続法半過去］

Cf. Il *est* content que vous lui écriviez souvent.

彼はあなたがしょっちゅう便りをくれるのがうれしい。［主節が現在形 → 接続法現在］

＊ただし現代語・日常語では時制の一致を行わず、そのまま接続法現在を用いることも多い。

Il *était* content que vous lui écriviez souvent.［主節が半過去 / 従属節は接続法現在］

語幹および活用の型は直説法単純過去（→I-5）と共通で、活用語尾には大きく分けて 4 つの型がある。

	I 型	**II 型**	**III 型**	**IV 型**
je	**-asse**	**-isse**	**-insse**	**-usse**
tu	**-asses**	**-isses**	**-insses**	**-usses**
il / elle	**-ât**	**-ît**	**-înt**	**-ût**
nous	**-assions**	**-issions**	**-inssions**	**-ussions**
vous	**-assiez**	**-issiez**	**-inssiez**	**-ussiez**
ils / elles	**-assent**	**-issent**	**-inssent**	**-ussent**

それぞれの型に属する主な動詞は次のとおり（単純過去と同様）。

I 型：-er で終わる動詞（第 1 群規則動詞および aller）

II 型：-ir (第 2 群規則動詞および sortir, partir, ouvrir, dormir...)、-re で終わる動詞の大部分 (faire, prendre, mettre, dire, entendre...)、-oir で終わる動詞の一部 (voir, s'asseoir...)

III 型：venir, tenir とその型に属する動詞 (revenir, devenir, obtenir, soutenir...)

IV型： être, avoir, -oirで終わる動詞の大部分 (recevoir, savoir, pouvoir, devoir, vouloir...)、-ir (courir, mourir...)、-re で終わる動詞の一部 (boire, connaître, croire, lire, vivre...)

aimer (**I 型**)	faire (**II 型**)	venir (**III 型**)	avoir (**IV 型**)	être (**IV 型**)
j' aim**asse**	je **fisse**	je v**insse**	j' e**usse**	je **fusse**
tu aim**asses**	il/elle **fisses**	il/elle v**insses**	il/elle e**usses**	il/elle **fusses**
il/elle aim**ât**	ils/elles **fît**	ils/elles v**înt**	ils/elles e**ût**	ils/elles **fût**
nous aim**assions**	nous **fissions**	nous v**inssions**	nous e**ussions**	nous **fussions**
vous aim**assiez**	vous **fissiez**	vous v**inssiez**	vous e**ussiez**	vous **fussiez**
ils/elles aim**assent**	ils/elles **fissent**	ils/elles v**inssent**	ils/elles e**ussent**	ils/elles **fussent**

8. 接続法大過去：＜助動詞（avoir または être）の接続法半過去＋ 過去分詞＞

接続法大過去は接続法半過去と同様、書き言葉で用いられ、おもに主節の動詞が過去形の場合に、接続法過去の時制の一致（→I-9）のために用いられる。従属節の表す行為や状態が、主節の表す時点で完了していたことを示す。

Je *regrettais* qu'ils eussent perdu le match.　　私は彼らが試合に負けたのを残念に思っていた。

[主節が半過去 → 接続法大過去]

Cf. Je *regrette* qu'ils aient perdu le match.　　私は彼らが試合に負けたのを残念に思う。

[主節が現在形 → 接続法過去]

＊ただし接続法半過去と同様、現代語・日常語では時制の一致を行わず、そのまま接続法過去を用いることも多い。

Je *regrettais* qu'ils aient perdu le match.　　私は彼らが試合に負けたのを残念に思っていた。

[主節が半過去 / 従属節が接続法過去]

finir	
j' **eusse fini**	nous **eussions fini**
tu **eusses fini**	vous **eussiez fini**
il/elle **eût fini**	ils/elles **eussent fini**

venir	
je **fusse venu(e)**	nous **fussions venu(e)s**
tu **fusses venu(e)**	vous **fussiez venu(e)(s)**
il **fût venu**	ils **fussent venus**
elle **fût venue**	elles **fussent venues**

* 文学作品などでは、接続法大過去が条件法過去（→I-4）の代わりとして用いられることがあり、この形を「条件法過去第２形」と呼ぶ。

Sans cet événement fatal, nous eussions parlé de notre avenir. [=nous aurions parlé de …]

あの運命的な事件がなければ、私たちは未来を語っていたでしょうに。

* si で導かれる（現実に反した仮定や架空の想定をする）条件節の中で、直説法大過去のかわりに接続法大過去が用いられることがある。場合によっては、帰結節の条件法過去も同時に接続法大過去に置き換えられることがある。

S'il m'eût dit la vérité, j'aurais accepté de venir avec lui. [=S'il m'avait dit …]

もし彼が本当のことを言っていてくれれば、彼について行っていたでしょうに。

9. 時制の一致

複文において、発言の内容を導く動詞 (dire, écrire, penser など) が過去形の場合、従属節中の動詞の時制もそれに応じて変化する。これを時制の一致という。時制の一致は、直接話法（発言や考えの内容を引用符（« »）に入れてそのまま伝える形）を間接話法（接続詞 que などを介して文の中に組みこみ、伝える形）に変換する場合や、自由間接話法（→I-10）において適用されることが多い。

直接話法	→	間接話法	
Il m'a dit : « Je **reste** ».	**現在形**	Il m'a dit qu'il **restait**.	**半過去**
Il m'a dit : « **J'ai bien travaillé** ».	**複合過去**	Il m'a dit qu'il **avait bien travaillé**.	**大過去**
Il m'a dit : « Je **sortirai** ».	**単純未来**	Il m'a dit qu'il **sortirait**.	**条件法現在（過去未来→I-3）**

10. 自由間接話法

おもに文学作品などの書き言葉で用いられ、直接話法と間接話法の両方の要素を合わせもつ話法。« Il dit que ～ »、« Il pense que ～ » などの部分を省略し、登場人物の発言や思考の内容を引用符に入れずに、直接地の文として示す。

その際、

① 語順は直接話法に準じる。たとえば、倒置疑問文は倒置疑問の語順のまま。疑問符（？）や感嘆符（！）などは維持される。

② 人称は間接話法に準じる。

③ 時制は間接話法に準じ、必要に応じて時制の一致（→I-9）を行う。

小説などでは、自由間接話法は地の文との境目をあいまいにしたまま、登場人物の意識や内面を浮かび上がらせる効果がある。以下のフロベール著『ボヴァリー夫人』の例（イタリックの部分が自由間接話法）では、主人公のエンマが田舎でのなんの変化もない単調な日々に倦み、特別な出来事を待ち望んでは裏切られ、絶望を深めていく過程が、人物の内心の声に耳を傾けるようにして記されている。

Après l'ennui de cette déception, son cœur, de nouveau, resta vide, et alors la série des mêmes journées recommença. / *Elles allaient donc maintenant se suivre ainsi à la file, toujours pareilles, innombrables, et n'apportant rien ! Les autres existences, si plates qu'elles fussent, avaient du moins la chance d'un événement.* [...] *Mais pour elle, rien n'arrivait, Dieu l'avait voulu !*

こうした失望からくる悲嘆を経て、彼女[エンマ]の心は再び空っぽになり、同じ日々の繰り返しがまた始まった。/ ということはこれから先も、こういった日々がずるずると、つねに変わらず、果てしなく、何ももたらすことなく続いていくのね！ほかの人たちの生活では、どんな陳腐な生活でも、ひとつくらい特別な事件が起こりうるものよ。[...] でも私には何も起きない、それが神さまの思し召しだったのだわ！

過去時制がベースになっている文章中での自由間接話法においては、直説法半過去、条件法現在、大過去の動詞が多く用いられ、それぞれ過去の時点における同時性、未来（過去未来 →I-3）、過去を表す。

II. その他の事項

1. 過去分詞の一致

複合過去をはじめとする**複合形（大過去、前未来など）において、直接目的補語代名詞が過去分詞より前にあるとき**、過去分詞は直接目的補語に性数一致する。

J'ai vu ces films. → Je les ai **vus**.　　私はそれらの映画（→それら）を見た。

[**vus** は films にかわる代名詞 les（男性複数）に一致]

Elle vous a donné ces jolies robes ?　　彼女がこのきれいな洋服をあなたにくれたの？
— Oui, elle me les a **données**.　　—ええ、くれたんです。

[données は robes にかわる代名詞 les（女性複数）に一致]

2. faire を用いた使役構文：＜faire ＋ 不定詞＞「〜させる」

不定詞が自動詞（目的補語をとらない動詞）か他動詞（目的補語を必要とする動詞）かによって形が異なる。

1) **＜faire ＋ 自動詞の不定詞 ＋ 名詞 A＞「A に〜させる」**（＜名詞 A＞ は不定詞の意味上の主語）

Ce film a fait pleurer **Sylvie.** シルヴィは映画を見て泣いてしまった。

＊faire が複合形（複合過去、大過去など）で、直接目的補語（上の例では＜名詞 A＞）が代名詞で前に置かれる場合でも、過去分詞は直接目的補語の性数に一致しない。

Le professeur a fait entrer **Sylvie.** 教授は**シルヴィを**入らせた。
→ Le professeur **l'**a fait entrer. 教授は**彼女を**入らせた。

2) **＜faire ＋ 他動詞の不定詞 ＋ 名詞 A ＋ par / à ＋ 名詞 B＞「B に A を〜させる」**
（名詞 A は不定詞の直接目的補語、名詞 B は意味上の主語）

J'ai fait réparer ma voiture **par mon frère.** 私は**弟に**車を修理させた。
Je fais regarder cette émission **à mon père.** 私は**父に**その番組を見させる。
→ Je **lui** ai fait regarder cette émission. 私は**彼に**その番組を見させた。
(<à ＋ 名詞 B> が代名詞の場合)

3. laisser を用いた使役構文：＜laisser ＋ 不定詞＞「〜させておく」

不定詞が自動詞の場合、語順は 2 通りある。

＜laisser ＋ 直接目的補語名詞 ＋ 自動詞の不定詞＞
または**＜laisser ＋ 自動詞の不定詞 ＋ 直接目的補語名詞＞**「…に〜させておく」

Elle laisse son bébé dormir. / Elle laisse dormir son bébé. 彼女は赤ちゃんを寝かせておく。

＊複合形の場合、過去分詞は直接目的補語に性数一致する。

J'ai laissé **ma fille** dessiner. 私は娘にお絵描きをさせておいた。
→Je l'ai laissée dessiner.

＊regarder, voir, écouter, entendre, sentir などの**知覚動詞**も、laisser と同じ構文をとる（「…が〜するのを見る／聞く／感じる」）。

Nous regardons nos enfants nager. / Nous regardons nager nos enfants.
私たちは子どもたちが泳いでいるのを眺める。

4. ce qui、ce que「〜のこと、もの」：指示代名詞 ce が関係代名詞を伴った形

1) 主語や直接目的補語として用いられる。

Ce qui est important, c'est que tu restes avec moi.

大切なのは君がずっといっしょにいてくれることだ。[ce qui は主語]

Je ne comprends pas *ce que vous dites*.

あなたのおっしゃることが私にはわかりません。[ce que は dire の直接目的補語]

前の文の内容を受けて、挿入句的に用いられることもある。

Elle n'avait pas de parents, *ce que j'ai su plus tard*.

彼女には両親がいなかった。あとで知ったことだが。

2) ce qui, ce que は間接疑問文の中でも用いられ、それぞれ「何が」(qu'est ce-qui... ? に代わる)、「何を」(que... ? / qu'est-ce que... ? に代わる)の意味を表す。上の形との区別がつきにくいケースも多い。

Dis-moi *ce qui te plaît*.　何が気に入ったか、私に言ってみて。　[←Qu'est-ce qui te plaît ?]

Je sais *ce que je dois faire*.　自分が何をやるべきかはわかっています。[←Qu'est-ce que je dois faire ?]

5. 前置詞つきの関係代名詞

関係代名詞には qui, que, dont, où 以外にも前置詞のついた形のものがあり、修飾される名詞（先行詞）が人か、無生物・事物かによって形が異なる。

1) 先行詞が人の場合：＜**前置詞 ＋ qui**＞

Tu connais *le professeur* **avec qui** Sandrine parlait tout à l'heure ?

[↑ Sandrine parlait tout à l'heure **avec** le professeur.]

さっき、サンドリーヌと話していた先生を知っている？

2) 先行詞が無生物・事物の場合：＜**前置詞 ＋ lequel / laquelle / lesquels / lesquelles**＞

[↑ lequel...の部分は先行詞の名詞に合わせて性数一致]

Le roman suisse **sur lequel** j'ai écrit un mémoire est traduit en japonais.

[← J'ai écrit un mémoire **sur** ce roman suisse.]

私がそれについて論文を書いたスイスの小説は、日本語に翻訳されている。

*前置詞 à, de のあとでは先行詞の性数に応じて次のように縮約する。

男性単数	女性単数	男性複数	女性複数
auquel	**à laquelle**	**auxquels**	**auxquelles**
duquel	**de laquelle**	**desquels**	**desquelles**

La *réunion* **à laquelle** je vous ai invité commence à vingt heures.

私があなたをお招きした会合は夜 8 時に始まります。

J'habite dans *un immeuble* en face **duquel** il y a la Bourse.

私は正面に証券取引場がある建物に住んでいます。

【参考文献】

杉本圭子、田原いずみ、ジャック・レヴィ、フランク=アルノ・メール著『くわしく学ぶフランス語の基礎』朝日出版社、2015

六鹿　豊『これならわかるフランス語文法―入門から上級まで』NHK 出版、2016

出典一覧

1 Roger Grenier, « Léonore », *Brefs récits pour une longue histoire*, Gallimard, 2012, p.71-72.

2 Nathalie Sarraute, *Pour un oui ou pour un non* (1982), Gallimard, « Folio théâtre », 1999, p.23-24.

3 Antoine Leiris, *Vous n'aurez pas ma haine*, Fayard, 2016, p.67-69.

4 Éric-Emmanuel Schmitt, *L'Enfant de Noé*, Albin Michel, 2004, p.65-66.

5 Jacques Prévert, « Familiale », *Paroles* (1946), Gallimard, « Folio plus », 2004, p.92.

6 Jules Supervielle, *Le Voleur d'enfants* (1926), Gallimard, « Folio », 2006, p.16-17.

7 Patrick Modiano, *Un Pedigree* (2005), Gallimard, « Folio », 2006, p.101-103.

8 François de La Rochefoucauld, *Maximes* (1665), Garnier Frères, « Classiques Garnier », 1967, p.11-173.

9 Jules Supervielle, « Docilité » (1938), *Œuvres poétiques complètes*, Gallimard, « Bibliothèque de la Pléiade », 1996, p.401-402.

10 Hubert Mingarelli, *La dernière neige* (2000), Éditions du Seuil, « Points », 2002, p.35-37.

11 Arthur Rimbaud, « Aube », *Illuminations* (1886), *Œuvres complètes*, Gallimard, « Bibliothèque de la Pléiade », 2009, p.306.

12 Guillaume Apollinaire, « L'Orangeade » (1914), *Œuvres en prose complètes*, t. I, Gallimard, « Bibliothèque de la Pléiade », 1977, p.504-505.

13 Alain-Fournier, *Le grand Meaulnes* (1913), Gallimard, « Folio », 2009, p.195-197.

14 Honoré de Balzac, *Une Passion dans le désert* (1832), *La Comédie humaine*, t.VII, Gallimard, « Bibliothèque de la Pléiade », 1955, p.1080-1081.

15 Irène Némirovsky, *Le Bal* (1930), Hachette, « Bibliocollège », 2014, p.50-51.

16 George Sand, « Ce que disent les fleurs » (1876), *Contes d'une grand-mère*, Flammarion, « GF Flammarion », 2004, p.374-375.

17 Charles Baudelaire, « Les fenêtres » et « La soupe et les nuages », *Le Spleen de Paris* (1869), « Le Livre de poche », 2003, p.173-174および p.195.

18 Francis Ponge, « De l'eau », *Le Parti pris des choses* (1942), Gallimard, « Poésie », 1967, p.61-63.

19 Georges Perec, *La Disparition*, Denoël, 1969, p.17-18.

20 Michel Butor, « Georges de La Tour : Le Tricheur à l'as de carreau », *Le Musée imaginaire de Michel Butor* (2015), Flammarion, 2019, p.170-171.

動詞変化表

不定形・分詞形	直　説　法		
I . aimer 愛する・好む aimant aimé ayant aimé （第一群規則動詞　助動詞 avoir）	現　在 j' aime tu aimes il aime nous aimons vous aimez ils aiment	半　過　去 j' aimais tu aimais il aimait nous aimions vous aimiez ils aimaient	単　純　過　去 j' aimai tu aimas il aima nous aimâmes vous aimâtes ils aimèrent
命　令　法 aime aimons aimez	複　合　過　去 j' ai aimé tu as aimé il a aimé nous avons aimé vous avez aimé ils ont aimé	大　過　去 j' avais aimé tu avais aimé il avait aimé nous avions aimé vous aviez aimé ils avaient aimé	前　過　去 j' eus aimé tu eus aimé il eut aimé nous eûmes aimé vous eûtes aimé ils eurent aimé
II. arriver 書く arrivant arrivé étant arrivé(e)(s) （第一群規則動詞　助動詞 être）	現　在 j' arrive tu arrives il arrive nous arrivons vous arrivez ils arrivent	半　過　去 j' arrivais tu arrivais il arrivait nous arrivions vous arriviez ils arrivaient	単　純　過　去 j' arrivai tu arrivas il arriva nous arrivâmes vous arrivâtes ils arrivèrent
命　令　法 arrive arrivons arrivez	複　合　過　去 je suis arrivé(e) tu es arrivé(e) il est arrivé elle est arrivée nous sommes arrivé(e)s vous êtes arrivé(e)(s) ils sont arrivés elles sont arrivées	大　過　去 j' étais arrivé(e) tu étais arrivé(e) il était arrivé elle était arrivée nous étions arrivé(e)s vous étiez arrivé(e)(s) ils étaient arrivés elles étaient arrivées	前　過　去 je fus arrivé(e) tu fus arrivé(e) il fut arrivé elle fut arrivée nous fûmes arrivé(e)s vous fûtes arrivé(e)(s) ils furent arrivés elles furent arrivées
III. se lever 起きる 代名動詞 se levant s'étant levé(e)(s)	現　在 je me lève tu te lèves il se lève n. n. levons v. v. levez ils se lèvent	半　過　去 je me levais tu te levais il se levait n. n. levions v. v. leviez ils se levaient	単　純　過　去 je me levai tu te levas il se leva n. n. levâmes v. v. levâtes ils se levèrent
命　令　法 lève-toi levons-nous levez-vous	複　合　過　去 je me suis levé(e) tu t' es levé(e) il s' est levé elle s' est levée n. n. sommes levé(e)s v. v. êtes levé(e)(s) ils se sont levés elles se sont levées	大　過　去 j' m' étais levé(e) tu t' étais levé(e) il s' était levé elle s' était levée n. n. étions levé(e)s v. v. étiez levé(e)(s) ils s' étaient levés elles s' étaient levées	前　過　去 je me fus levé(e) tu te fus levé(e) il se fut levé elle se fut levée n. n. fûmes levé(e)s v. v. fûtes levé(e)(s) ils se furent levés elles se furent levées

不　定　形 分　詞　形	直　説　法			
	現　在	半　過　去	単純過去	単純未来
1. avoir もつ ayant eu [y]	j' ai tu as il a n. avons v. avez ils ont	j' avais tu avais il avait n. avions v. aviez ils avaient	j' eus tu eus il eut n. eûmes v. eûtes ils eurent	j' aurai tu auras il aura n. aurons v. aurez ils auront
2. être ～である、いる étant été	je suis tu es il est n. sommes v. êtes ils sont	j' étais tu étais il était n. étions v. étiez ils étaient	je fus tu fus il fut n. fûmes v. fûtes ils furent	je serai tu seras il sera n. serons v. serez ils seront

直説法	条件法	接続法	
単純未来 j' aimerai tu aimeras il aimera nous aimerons vous aimerez ils aimeront	現在 j' aimerais tu aimerais il aimerait nous aimerions vous aimeriez ils aimeraient	現在 j' aime tu aimes il aime nous aimions vous aimiez ils aiment	半過去 j' aimasse tu aimasses il aimât nous aimassions vous aimassiez ils aimassent
前未来 j' aurai aimé tu auras aimé il aura aimé nous aurons aimé vous aurez aimé ils auront aimé	過去 j' aurais aimé tu aurais aimé il aurait aimé nous aurions aimé vous auriez aimé ils auraient aimé	過去 j' aie aimé tu aies aimé il ait aimé nous ayons aimé vous ayez aimé ils aient aimé	大過去 j' eusse aimé tu eusses aimé il eût aimé nous eussions aimé vous eussiez aimé ils eussent aimé
単純未来 j' arriverai tu arriveras il arrivera nous arriverons vous arriverez ils arriveront	現在 j' arriverais tu arriverais il arriverait nous arriverions vous arriveriez ils arriveraient	現在 j' arrive tu arrives il arrive nous arrivions vous arriviez ils arrivent	半過去 j' arrivasse tu arrivasses il arrivât nous arrivassions vous arrivassiez ils arrivassent
前未来 je serai arrivé(e) tu seras arrivé(e) il sera arrivé elle sera arrivée nous serons arrivé(e)s vous serez arrivé(e)(s) ils seront arrivés elles seront arrivées	過去 je serais arrivé(e) tu serais arrivé(e) il serait arrivé elle serait arrivée nous serions arrivé(e)s vous seriez arrivé(e)(s) ils seraient arrivés elles seraient arrivées	過去 je sois arrivé(e) tu sois arrivé(e) il soit arrivé elle soit arrivée nous soyons arrivé(e)s vous soyez arrivé(e)(s) ils soient arrivés elles soient arrivées	大過去 je fusse arrivé(e) tu fusses arrivé(e) il fût arrivé elle fût arrivée nous fussions arrivé(e)s vous fussiez arrivé(e)(s) ils fussent arrivés elles fussent arrivées
単純未来 je me lèverai tu te lèveras il se lèvera n. n. lèverons v. v. lèverez ils se lèveront	現在 je me lèverais tu te lèverais il se lèverait n. n. lèverions v. v. lèveriez ils se lèveraient	現在 je me lève tu te lèves il se lève n. n. levions v. v. leviez ils se lèvent	半過去 je me levasse tu te levasses il se levât n. n. levassions v. v. levassiez ils se levassent
前未来 je me serai levé(e) tu te seras levé(e) il se sera levé elle se sera levée n. n. serons levé(e)s v. v. serez levé(e)(s) ils se seront levés elles se seront levées	過去 je me serais levé(e) tu te serais levé(e) il se serait levé elle se serait levée n. n. serions levé(e)s v. v. seriez levé(e)(s) ils se seraient levés elles se seraient levées	過去 je me sois levé(e) tu te sois levé(e) il se soit levé elle se soit levée n. n. soyons levé(e)s v. v. soyez levé(e)(s) ils se soient levés elles se soient levées	大過去 je me fusse levé(e) tu te fusses levé(e) il se fût levé elle se fût levée n. n. fussions levé(e)s v. v. fussiez levé(e)(s) ils se fussent levés elles se fussent levées

条件法	接続法		命令法	同型活用の動詞 (注意)
現在	現在	半過去	現在	
j' aurais tu aurais il aurait n. aurions v. auriez ils auraient	j' aie tu aies il ait n. ayons v. ayez ils aient	j' eusse tu eusses il eût n. eussions v. eussiez ils eussent	aie ayons ayez	
je serais tu serais il serait n. serions v. seriez ils seraient	je sois tu sois il soit n. soyons v. soyez ils soient	je fusse tu fusses il fût n. fussions v. fussiez ils fussent	sois soyons soyez	

不定形 分詞形	直説法 現在	 半過去	 単純過去	 単純未来
3. acheter 買う achetant acheté	j' achète tu achètes il achète n. achetons v. achetez ils achètent	j' achetais tu achetais il achetait n. achetions v. achetiez ils achetaient	j' achetai tu achetas il acheta n. achetâmes v. achetâtes ils achetèrent	j' achèterai tu achèteras il achètera n. achèterons v. achèterez ils achèteront
4. aller 行く allant allé	je vais tu vas il va n. allons v. allez ils vont	j' allais tu allais il allait n. allions v. alliez ils allaient	j' allai tu allas il alla n. allâmes v. allâtes ils allèrent	j' irai tu iras il ira n. irons v. irez ils iront
5. appeler 呼ぶ appelant appelé	j' appelle tu appelles il appelle n. appelons v. appelez ils appellent	j' appelais tu appelais il appelait n. appelions v. appeliez ils appelaient	j' appelai tu appelas il appela n. appelâmes v. appelâtes ils appelèrent	j' appellerai tu appelleras il appellera n. appellerons v. appellerez ils appelleront
6. asseoir 座らせる asseyant assoyant assis	j' assieds tu assieds il assied n. asseyons v. asseyez ils asseyent	j' asseyais tu asseyais il asseyait n. asseyions v. asseyiez ils asseyaient	j' assis tu assis il assit n. assîmes v. assîtes ils assirent	j' assiérai tu assiéras il assiéra n. assiérons v. assiérez ils assiéront
	j' assois tu assois il assoit n. assoyons v. assoyez ils assoient	j' assoyais tu assoyais il assoyait n. assoyions v. assoyiez ils assoyaient		j' assoirai tu assoiras il assoira n. assoirons v. assoirez ils assoiront
7. battre 打つ battant battu	je bats tu bats il bat n. battons v. battez ils battent	je battais tu battais il battait n. battions v. battiez ils battaient	je battis tu battis il battit n. battîmes v. battîtes ils battirent	je battrai tu battras il battra n. battrons v. battrez ils battront
8. boire 飲む buvant bu	je bois tu bois il boit n. buvons v. buvez ils boivent	je buvais tu buvais il buvait n. buvions v. buviez ils buvaient	je bus tu bus il but n. bûmes v. bûtes ils burent	je boirai tu boiras il boira n. boirons v. boirez ils boiront
9. conduire 導く conduisant conduit	je conduis tu conduis il conduit n. conduisons v. conduisez ils conduisent	je conduisais tu conduisais il conduisait n. conduisions v. conduisiez ils conduisaient	je conduisis tu conduisis il conduisit n. conduisîmes v. conduisîtes ils conduisirent	je conduirai tu conduiras il conduira n. conduirons v. conduirez ils conduiront

条件法	接続法		命令法	同型活用の動詞 （注意）
現在	現在	半過去	現在	
j' achèterais tu achèterais il achèterait n. achèterions v. achèteriez ils achèteraient	j' achète tu achètes il achète n. achetions v. achetiez ils achètent	j' achetasse tu achetasses il achetât n. achetassions v. achetassiez ils achetassent	achète achetons achetez	–e＋子音＋er の動詞 achever, lever, mener, promener など.
j' irais tu irais il irait n. irions v. iriez ils iraient	j' aille tu ailles il aille n. allions v. alliez ils aillent	j' allasse tu allasses il allât n. allassions v. allassiez ils allassent	va allons allez	
j' appellerais tu appellerais il appellerait n. appellerions v. appelleriez ils appelleraient	j' appelle tu appelles il appelle n. appelions v. appeliez ils appellent	j' appelasse tu appelasses il appelât n. appelassions v. appelassiez ils appelassent	appelle appelons appelez	–eter, –eler の動詞 jeter, rappeler など.
j' assiérais tu assiérais il assiérait n. assiérions v. assiériez ils assiéraient	j' asseye tu asseyes il asseye n. asseyions v. asseyiez ils asseyent	j' assisse tu assisses il assît n. assissions v. assissiez ils assissent	assieds asseyons asseyez	(代名動詞 s'asseoir として用いられることが多い．下段は俗語調)
j' assoirais tu assoirais il assoirait n. assoirions v. assoiriez ils assoiraient	j' assoie tu assoies il assoie n. assoyions v. assoyiez ils assoient		assois assoyons assoyez	
je battrais tu battrais il battrait n. battrions v. battriez ils battraient	je batte tu battes il batte n. battions v. battiez ils battent	je battisse tu battisses il battît n. battissions v. battissiez ils battissent	bats battons battez	abattre, combattre
je boirais tu boirais il boirait n. boirions v. boiriez ils boiraient	je boive tu boives il boive n. buvions v. buviez ils boivent	je busse tu busses il bût n. bussions v. bussiez ils bussent	bois buvons buvez	
je conduirais tu conduirais il conduirait n. conduirions v. conduiriez ils conduiraient	je conduise tu conduises il conduise n. conduisions v. conduisiez ils conduisent	je conduisisse tu conduisisses il conduisît n. conduisissions v. conduisissiez ils conduisissent	conduis conduisons conduisez	introduire, produire, traduire ; construire, détruire

不定形	直説法			
分詞形	現在	半過去	単純過去	単純未来
10. connaître 知っている connaissant connu	je connais tu connais il connaît n. connaissons v. connaissez ils connaissent	je connaissais tu connaissais il connaissait n. connaissions v. connaissiez ils connaissaient	je connus tu connus il connut n. connûmes v. connûtes ils connurent	je connaîtrai tu connaîtras il connaîtra n. connaîtrons v. connaîtrez ils connaîtront
11. courir 走る courant couru	je cours tu cours il court n. courons v. courez ils courent	je courais tu courais il courait n. courions v. couriez ils couraient	je courus tu courus il courut n. courûmes v. courûtes ils coururent	je courrai tu courras il courra n. courrons v. courrez ils courront
12. craindre 恐れる craignant craint	je crains tu crains il craint n. craignons v. craignez ils craignent	je craignais tu craignais il craignait n. craignions v. craigniez ils craignaient	je craignis tu craignis il craignit n. craignîmes v. craignîtes ils craignirent	je craindrai tu craindras il craindra n. craindrons v. craindrez ils craindront
13. croire 信じる croyant cru	je crois tu crois il croit n. croyons v. croyez ils croient	je croyais tu croyais il croyait n. croyions v. croyiez ils croyaient	je crus tu crus il crut n. crûmes v. crûtes ils crurent	je croirai tu croiras il croira n. croirons v. croirez ils croiront
14. devoir ～しなくてはならない devant dû, due dus, dues	je dois tu dois il doit n. devons v. devez ils doivent	je devais tu devais il devait n. devions v. deviez ils devaient	je dus tu dus il dut n. dûmes v. dûtes ils durent	je devrai tu devras il devra n. devrons v. devrez ils devront
15. dire 言う disant dit	je dis tu dis il dit n. disons v. dites ils disent	je disais tu disais il disait n. disions v. disiez ils disaient	je dis tu dis il dit n. dîmes v. dîtes ils dirent	je dirai tu diras il dira n. dirons v. direz ils diront
16. écrire 書く écrivant écrit	j' écris tu écris il écrit n. écrivons v. écrivez ils écrivent	j' écrivais tu écrivais il écrivait n. écrivions v. écriviez ils écrivaient	j' écrivis tu écrivis il écrivit n. écrivîmes v. écrivîtes ils écrivirent	j' écrirai tu écriras il écrira n. écrirons v. écrirez ils écriront
17. essayer 試す essayant essayé	j' essaie tu essaies il essaie n. essayons v. essayez ils essaient	j' essayais tu essayais il essayait n. essayions v. essayiez ils essayaient	j' essayai tu essayas il essaya n. essayâmes v. essayâtes ils essayèrent	j' essaierai tu essaieras il essaiera n. essaierons v. essaierez ils essaieront

条件法	接続法		命令法	同型活用の動詞 (注意)
現在	現在	半過去	現在	
je connaîtrais tu connaîtrais il connaîtrait n. connaîtrions v. connaîtriez ils connaîtraient	je connaisse tu connaisses il connaisse n. connaissions v. connaissiez ils connaissent	je connusse tu connusses il connût n. connussions v. connussiez ils connussent	connais connaissons connaissez	reconnaître ; paraître, apparaître, disparaître
je courrais tu courrais il courrait n. courrions v. courriez ils courraient	je coure tu coures il coure n. courions v. couriez ils courent	je courusse tu courusses il courût n. courussions v. courussiez ils courussent	cours courons courez	accourir, parcourir, secourir
je craindrais tu craindrais il craindrait n. craindrions v. craindriez ils craindraient	je craigne tu craignes il craigne n. craignions v. craigniez ils craignent	je craignisse tu craignisses il craignît n. craignissions v. craignissiez ils craignissent	crains craignons craignez	plaindre ; atteindre, éteindre, peindre; joindre, rejoindre
je croirais tu croirais il croirait n. croirions v. croiriez ils croiraient	je croie tu croies il croie n. croyions v. croyiez ils croient	je crusse tu crusses il crût n. crussions v. crussiez ils crussent	crois croyons croyez	
je devrais tu devrais il devrait n. devrions v. devriez ils devraient	je doive tu doives il doive n. devions v. deviez ils doivent	je dusse tu dusses il dût n. dussions v. dussiez ils dussent		(過去分詞はdu=de+le と区別するために男性単 数のみdûと綴る)
je dirais tu dirais il dirait n. dirions v. diriez ils diraient	je dise tu dises il dise n. disions v. disiez ils disent	je disse tu disses il dît n. dissions v. dissiez ils dissent	dis disons dites	redire
j' écrirais tu écrirais il écrirait n. écririons v. écririez ils écriraient	j' écrive tu écrives il écrive n. écrivions v. écriviez ils écrivent	j' écrivisse tu écrivisses il écrivît n. écrivissions v. écrivissiez ils écrivissent	écris écrivons écrivez	décrire, inscrire
j' essaierais tu essaierais il essaierait n. essaierions v. essaieriez ils essaieraient	j' essaie tu essaies il essaie n. essayions v. essayiez ils essaient	j' essayasse tu essayasses il essayât n. essayassions v. essayassiez ils essayassent	essaie essayons essayez	payer, employer -oyer, -uyer, -ayerの動詞 【備考】 語末が -ayer の動詞については、 j'essaye 型の活用もある。

不定形 分詞形	直説法			
	現在	半過去	単純過去	単純未来
18. envoyer 送る envoyant envoyé	j' envoie tu envoies il envoie n. envoyons v. envoyez ils envoient	j' envoyais tu envoyais il envoyait n. envoyions v. envoyiez ils envoyaient	j' envoyai tu envoyas il envoya n. envoyâmes v. envoyâtes ils envoyèrent	j' enverrai tu enverras il enverra n. enverrons v. enverrez ils enverront
19. faire する faisant [fzɑ̃] fait	je fais tu fais il fait n. faisons [fzɔ̃] v. faites ils font	je faisais [fzɛ] tu faisais il faisait n. faisions v. faisiez ils faisaient	je fis tu fis il fit n. fîmes v. fîtes ils firent	je ferai tu feras il fera n. ferons v. ferez ils feront
20. falloir 必要である — fallu	il faut	il fallait	il fallut	il faudra
21. finir 終える finissant fini	je finis tu finis il finit n. finissons v. finissez ils finissent	je finissais tu finissais il finissait n. finissions v. finissiez ils finissaient	je finis tu finis il finit n. finîmes v. finîtes ils finirent	je finirai tu finiras il finira n. finirons v. finirez ils finiront
22. fuir 逃げる fuyant fui	je fuis tu fuis il fuit n. fuyons v. fuyez ils fuient	je fuyais tu fuyais il fuyait n. fuyions v. fuyiez ils fuyaient	je fuis tu fuis il fuit n. fuîmes v. fuîtes ils fuirent	je fuirai tu fuiras il fuira n. fuirons v. fuirez ils fuiront
23. lire 読む lisant lu	je lis tu lis il lit n. lisons v. lisez ils lisent	je lisais tu lisais il lisait n. lisions v. lisiez ils lisaient	je lus tu lus il lut n. lûmes v. lûtes ils lurent	je lirai tu liras il lira n. lirons v. lirez ils liront
24. manger 食べる mangeant mangé	je mange tu manges il mange n. mangeons v. mangez ils mangent	je mangeais tu mangeais il mangeait n. mangions v. mangiez ils mangeaient	je mangeai tu mangeas il mangea n. mangeâmes v. mangeâtes ils mangèrent	je mangerai tu mangeras il mangera n. mangerons v. mangerez ils mangeront
25. mettre 置く mettant mis	je mets tu mets il met n. mettons v. mettez ils mettent	je mettais tu mettais il mettait n. mettions v. mettiez ils mettaient	je mis tu mis il mit n. mîmes v. mîtes ils mirent	je mettrai tu mettras il mettra n. mettrons v. mettrez ils mettront

条件法	接続法		命令法	同型活用の動詞 (注意)
現在	現在	半過去	現在	
j' enverrais tu enverrais il enverrait n. enverrions v. enverriez ils enverraient	j' envoie tu envoies il envoie n. envoyions v. envoyiez ils envoient	j' envoyasse tu envoyasses il envoyât n. envoyassions v. envoyassiez ils envoyassent	envoie envoyons envoyez	renvoyer
je ferais tu ferais il ferait n. ferions v. feriez ils feraient	je fasse tu fasses il fasse n. fassions v. fassiez ils fassent	je fisse tu fisses il fît n. fissions v. fissiez ils fissent	fais faisons faites	défaire, refaire, satisfaire
il faudrait	il faille	il fallût		
je finirais tu finirais il finirait n. finirions v. finiriez ils finiraient	je finisse tu finisses il finisse n. finissions v. finissiez ils finissent	je finisse tu finisses il finît n. finissions v. finissiez ils finissent	finis finissons finissez	第2群規則動詞
je fuirais tu fuirais il fuirait n. fuirions v. fuiriez ils fuiraient	je fuie tu fuies il fuie n. fuyions v. fuyiez ils fuient	je fuisse tu fuisses il fuît n. fuissions v. fuissiez ils fuissent	fuis fuyons fuyez	s'enfuir
je lirais tu lirais il lirait n. lirions v. liriez ils liraient	je lise tu lises il lise n. lisions v. lisiez ils lisent	je lusse tu lusses il lût n. lussions v. lussiez ils lussent	lis lisons lisez	élire, relire
je mangerais tu mangerais il mangerait n. mangerions v. mangeriez ils mangeraient	je mange tu manges il mange n. mangions v. mangiez ils mangent	je mangeasse tu mangeasses il mangeât n. mangeassions v. mangeassiez ils mangeassent	mange mangeons mangez	–ger の動詞 arranger, changer, charger, engager, nager, obliger voyager など.
je mettrais tu mettrais il mettrait n. mettrions v. mettriez ils mettraient	je mette tu mettes il mette n. mettions v. mettiez ils mettent	je misse tu misses il mît n. missions v. missiez ils missent	mets mettons mettez	admettre, commettre, permettre, promettre, remettre, soumettre

不定形 分詞形	直説法			
	現在	半過去	単純過去	単純未来
26. mourir 死ぬ mourant mort	je meurs tu meurs il meurt n. mourons v. mourez ils meurent	je mourais tu mourais il mourait n. mourions v. mouriez ils mouraient	je mourus tu mourus il mourut n. mourûmes v. mourûtes ils moururent	je mourrai tu mourras il mourra n. mourrons v. mourrez ils mourront
27. naître 生まれる naissant né	je nais tu nais il naît n. naissons v. naissez ils naissent	je naissais tu naissais il naissait n. naissions v. naissiez ils naissaient	je naquis tu naquis il naquit n. naquîmes v. naquîtes ils naquirent	je naîtrai tu naîtras il naîtra n. naîtrons v. naîtrez ils naîtront
28. ouvrir 開ける ouvrant ouvert	j' ouvre tu ouvres il ouvre n. ouvrons v. ouvrez ils ouvrent	j' ouvrais tu ouvrais il ouvrait n. ouvrions v. ouvriez ils ouvraient	j' ouvris tu ouvris il ouvrit n. ouvrîmes v. ouvrîtes ils ouvrirent	j' ouvrirai tu ouvriras il ouvrira n. ouvrirons v. ouvrirez ils ouvriront
29. parler 話す parlant parlé	je parle tu parles il parle n. parlons v. parlez ils parlent	je parlais tu parlais il parlait n. parlions v. parliez ils parlaient	je parlai tu parlas il parla n. parlâmes v. parlâtes ils parlèrent	je parlerai tu parleras il parlera n. parlerons v. parlerez ils parleront
30. partir 出発する partant parti	je pars tu pars il part n. partons v. partez ils partent	je partais tu partais il partait n. partions v. partiez ils partaient	je partis tu partis il partit n. partîmes v. partîtes ils partirent	je partirai tu partiras il partira n. partirons v. partirez ils partiront
31. placer 置く plaçant placé	je place tu places il place n. plaçons v. placez ils placent	je plaçais tu plaçais il plaçait n. placions v. placiez ils plaçaient	je plaçai tu plaças il plaça n. plaçâmes v. plaçâtes ils placèrent	je placerai tu placeras il placera n. placerons v. placerez ils placeront
32. plaire 気に入る plaisant plu	je plais tu plais il plaît n. plaisons v. plaisez ils plaisent	je plaisais tu plaisais il plaisait n. plaisions v. plaisiez ils plaisaient	je plus tu plus il plut n. plûmes v. plûtes ils plurent	je plairai tu plairas il plaira n. plairons v. plairez ils plairont
33. pleuvoir 雨が降る pleuvant plu	il pleut	il pleuvait	il plut	il pleuvra

条件法	接続法		命令法	同型活用の動詞 (注意)
現在	現在	半過去	現在	
je mourrais tu mourrais il mourrait n. mourrions v. mourriez ils mourraient	je meure tu meures il meure n. mourions v. mouriez ils meurent	je mourusse tu mourusses il mourût n. mourussions v. mourussiez ils mourussent	meurs mourons mourez	
je naîtrais tu naîtrais il naîtrait n. naîtrions v. naîtriez ils naîtraient	je naisse tu naisses il naisse n. naissions v. naissiez ils naissent	je naquisse tu naquisses il naquît n. naquissions v. naquissiez ils naquissent	nais naissons naissez	renaître
j' ouvrirais tu ouvrirais il ouvrirait n. ouvririons v. ouvririez ils ouvriraient	j' ouvre tu ouvres il ouvre n. ouvrions v. ouvriez ils ouvrent	j' ouvrisse tu ouvrisses il ouvrît n. ouvrissions v. ouvrissiez ils ouvrissent	ouvre ouvrons ouvrez	couvrir, découvrir, offrir, souffrir
je parlerais tu parlerais il parlerait n. parlerions v. parleriez ils parleraient	je parle tu parles il parle n. parlions v. parliez ils parlent	je parlasse tu parlasses il parlât n. parlassions v. parlassiez ils parlassent	parle parlons parlez	第1群規則動詞
je partirais tu partirais il partirait n. partirions v. partiriez ils partiraient	je parte tu partes il parte n. partions v. partiez ils partent	je partisse tu partisses il partît n. partissions v. partissiez ils partissent	pars partons partez	dormir, endormir, se repentir, sentir, servir, sortir
je placerais tu placerais il placerait n. placerions v. placeriez ils placeraient	je place tu places il place n. placions v. placiez ils placent	je plaçasse tu plaçasses il plaçât n. plaçassions v. plaçassiez ils plaçassent	place plaçons placez	–cer の動詞 annoncer, avancer, commencer, effacer, renoncer, prononcer など.
je plairais tu plairais il plairait n. plairions v. plairiez ils plairaient	je plaise tu plaises il plaise n. plaisions v. plaisiez ils plaisent	je plusse tu plusses il plût n. plussions v. plussiez ils plussent	plais plaisons plaisez	déplaire, taire (ただし taire の直・現・3 人称単数 il tait)
il pleuvrait	il pleuve	il plût		

不定形 分詞形	直説法			
	現在	半過去	単純過去	単純未来
34. pouvoir ～できる pouvant pu	je peux (puis) tu peux il peut n. pouvons v. pouvez ils peuvent	je pouvais tu pouvais il pouvait n. pouvions v. pouviez ils pouvaient	je pus tu pus il put n. pûmes v. pûtes ils purent	je pourrai tu pourras il pourra n. pourrons v. pourrez ils pourront
35. préférer ～のほうを好む préférant préféré	je préfère tu préfères il préfère n. préférons v. préférez ils préfèrent	je préférais tu préférais il préférait n. préférions v. préfériez ils préféraient	je préférai tu préféras il préféra n. préférâmes v. préférâtes ils préférèrent	je préférerai tu préféreras il préférera n. préférerons v. préférerez ils préféreront
36. prendre とる prenant pris	je prends tu prends il prend n. prenons v. prenez ils prennent	je prenais tu prenais il prenait n. prenions v. preniez ils prenaient	je pris tu pris il prit n. prîmes v. prîtes ils prirent	je prendrai tu prendras il prendra n. prendrons v. prendrez ils prendront
37. recevoir 受け取る recevant reçu	je reçois tu reçois il reçoit n. recevons v. recevez ils reçoivent	je recevais tu recevais il recevait n. recevions v. receviez ils recevaient	je reçus tu reçus il reçut n. reçûmes v. reçûtes ils reçurent	je recevrai tu recevras il recevra n. recevrons v. recevrez ils recevront
38. rendre 返す rendant rendu	je rends tu rends il rend n. rendons v. rendez ils rendent	je rendais tu rendais il rendait n. rendions v. rendiez ils rendaient	je rendis tu rendis il rendit n. rendîmes v. rendîtes ils rendirent	je rendrai tu rendras il rendra n. rendrons v. rendrez ils rendront
39. rire 笑う riant ri	je ris tu ris il rit n. rions v. riez ils rient	je riais tu riais il riait n. riions v. riiez ils riaient	je ris tu ris il rit n. rîmes v. rîtes ils rirent	je rirai tu riras il rira n. rirons v. rirez ils riront
40. savoir 知っている sachant su	je sais tu sais il sait n. savons v. savez ils savent	je savais tu savais il savait n. savions v. saviez ils savaient	je sus tu sus il sut n. sûmes v. sûtes ils surent	je saurai tu sauras il saura n. saurons v. saurez ils sauront
41. suffire 足りる suffisant suffi	je suffis tu suffis il suffit n. suffisons v. suffisez ils suffisent	je suffisais tu suffisais il suffisait n. suffisions v. suffisiez ils suffisaient	je suffis tu suffis il suffit n. suffîmes v. suffîtes ils suffirent	je suffirai tu suffiras il suffira n. suffirons v. suffirez ils suffiront

条件法	接続法		命令法	同型活用の動詞
現在	現在	半過去	現在	(注意)
je pourrais tu pourrais il pourrait n. pourrions v. pourriez ils pourraient	je puisse tu puisses il puisse n. puissions v. puissiez ils puissent	je pusse tu pusses il pût n. pussions v. pussiez ils pussent		
je préférerais tu préférerais il préférerait n. préférerions v. préféreriez ils préféreraient	je préfère tu préfères il préfère n. préférions v. préfériez ils préfèrent	je préférasse tu préférasses il préférât n. préférassions v. préférassiez ils préférassent	préfère préférons préférez	–é＋子音＋er の動詞 céder, espérer, opérer, répéter, inquiéter など.
je prendrais tu prendrais il prendrait n. prendrions v. prendriez ils prendraient	je prenne tu prennes il prenne n. prenions v. preniez ils prennent	je prisse tu prisses il prît n. prissions v. prissiez ils prissent	prends prenons prenez	apprendre, comprendre, surprendre
je recevrais tu recevrais il recevrait n. recevrions v. recevriez ils recevraient	je reçoive tu reçoives il reçoive n. recevions v. receviez ils reçoivent	je reçusse tu reçusses il reçût n. reçussions v. reçussiez ils reçussent	reçois recevons recevez	apercevoir, concevoir
je rendrais tu rendrais il rendrait n. rendrions v. rendriez ils rendraient	je rende tu rendes il rende n. rendions v. rendiez ils rendent	je rendisse tu rendisses il rendît n. rendissions v. rendissiez ils rendissent	rends rendons rendez	attendre, défendre, descendre, entendre, perdre, prétendre, répondre, tendre, vendre
je rirais tu rirais il rirait n. ririons v. ririez ils riraient	je rie tu ries il rie n. riions v. riiez ils rient	je risse tu risses il rît n. rissions v. rissiez ils rissent	ris rions riez	sourire
je saurais tu saurais il saurait n. saurions v. sauriez ils sauraient	je sache tu saches il sache n. sachions v. sachiez ils sachent	je susse tu susses il sût n. sussions v. sussiez ils sussent	sache sachons sachez	
je suffirais tu suffirais il suffirait n. suffirions v. suffiriez ils suffiraient	je suffise tu suffises il suffise n. suffisions v. suffisiez ils suffisent	je suffisse tu suffisses il suffît n. suffissions v. suffissiez ils suffissent	suffis suffisons suffisez	

不定形 分詞形	直説法			
	現在	半過去	単純過去	単純未来
42. suivre ついて行く suivant suivi	je suis tu suis il suit n. suivons v. suivez ils suivent	je suivais tu suivais il suivait n. suivions v. suiviez ils suivaient	je suivis tu suivis il suivit n. suivîmes v. suivîtes ils suivirent	je suivrai tu suivras il suivra n. suivrons v. suivrez ils suivront
43. valoir 価値がある valant valu	je vaux tu vaux il vaut n. valons v. valez ils valent	je valais tu valais il valait n. valions v. valiez ils valaient	je valus tu valus il valut n. valûmes v. valûtes ils valurent	je vaudrai tu vaudras il vaudra n. vaudrons v. vaudrez ils vaudront
44. venir 来る venant venu	je viens tu viens il vient n. venons v. venez ils viennent	je venais tu venais il venait n. venions v. veniez ils venaient	je vins tu vins il vint n. vînmes v. vîntes ils vinrent	je viendrai tu viendras il viendra n. viendrons v. viendrez ils viendront
45. vivre 生きる vivant vécu	je vis tu vis il vit n. vivons v. vivez ils vivent	je vivais tu vivais il vivait n. vivions v. viviez ils vivaient	je vécus tu vécus il vécut n. vécûmes v. vécûtes ils vécurent	je vivrai tu vivras il vivra n. vivrons v. vivrez ils vivront
46. voir 見る voyant vu	je vois tu vois il voit n. voyons v. voyez ils voient	je voyais tu voyais il voyait n. voyions v. voyiez ils voyaient	je vis tu vis il vit n. vîmes v. vîtes ils virent	je verrai tu verras il verra n. verrons v. verrez ils verront
47. vouloir ～したい voulant voulu	je veux tu veux il veut n. voulons v. voulez ils veulent	je voulais tu voulais il voulait n. voulions v. vouliez ils voulaient	je voulus tu voulus il voulut n. voulûmes v. voulûtes ils voulurent	je voudrai tu voudras il voudra n. voudrons v. voudrez ils voudront

条件法	接続法		命令法	同型活用の動詞 (注意)
現在	現在	半過去	現在	
je suivrais tu suivrais il suivrait n. suivrions v. suivriez ils suivraient	je suive tu suives il suive n. suivions v. suiviez ils suivent	je suivisse tu suivisses il suivît n. suivissions v. suivissiez ils suivissent	suis suivons suivez	poursuivre
je vaudrais tu vaudrais il vaudrait n. vaudrions v. vaudriez ils vaudraient	je vaille tu vailles il vaille n. valions v. valiez ils vaillent	je valusse tu valusses il valût n. valussions v. valussiez ils valussent		
je viendrais tu viendrais il viendrait n. viendrions v. viendriez ils viendraient	je vienne tu viennes il vienne n. venions v. veniez ils viennent	je vinsse tu vinsses il vînt n. vinssions v. vinssiez ils vinssent	viens venons venez	devenir, parvenir, provenir, revenir, se souvenir ; tenir, appartenir, maintenir, obtenir, retenir, soutenir
je vivrais tu vivrais il vivrait n. vivrions v. vivriez ils vivraient	je vive tu vives il vive n. vivions v. viviez ils vivent	je vécusse tu vécusses il vécût n. vécussions v. vécussiez ils vécussent	vis vivons vivez	
je verrais tu verrais il verrait n. verrions v. verriez ils verraient	je voie tu voies il voie n. voyions v. voyiez ils voient	je visse tu visses il vît n. vissions v. vissiez ils vissent	vois voyons voyez	revoir
je voudrais tu voudrais il voudrait n. voudrions v. voudriez ils voudraient	je veuille tu veuilles il veuille n. voulions v. vouliez ils veuillent	je voulusse tu voulusses il voulût n. voulussions v. voulussiez ils voulussent	veuille veuillons veuillez	

ことばの色
ー中級からのフランス文学読本ー

検印省略

© 2020年1月15日　第1版発行

編著者　杉本　圭子
福田　桃子
岡部　杏子

発行者　原　雅　久
発行所　株式会社　朝日出版社
101-0065　東京都千代田区西神田3−3−5
電話（03）3239-0271･0272
振替口座　00140-2-46008

表紙デザイン　森田　幸子
紙面レイアウト　mi e ru
イラスト　大江　咲
組版　クロスコンサルティング

乱丁，落丁本はお取り替えいたします
ISBN978-4-255-35312-8 C1085

ANGLETERRE
MANCHE
Lille
NORD
Cherbourg
PICARDIE
Honfleur
Rouen
NORMANDIE
Paris
Versailles
BRETAGNE
St-Malo
Le Mont St-Michel
Chartres
ÎLE DE
Rennes
(Château de Chambord)
Carnac
PAYS DE
LA LOIRE
Orléans
la Loire
Tours
CENTRE
VAL DE LOIRE
Nantes
OCÉAN ATLANTIQUE
(Futuroscope)
Poitiers
POITOU
LIMOUSIN
Bordeaux
(Grotte de
Lascaux)
la Garonne
AQUITAINE
Toulouse
Lourdes
PYRÉNÉES
ESPAGNE